基层民主与法治浙江

朱全宝 编著

浙江工商大學出版社
ZHEJIANG GONGSHANG UNIVERSITY PRESS

图书在版编目(CIP)数据

基层民主与法治浙江 / 朱全宝编著. —杭州：浙江工商大学出版社，2016.1(2017.3 重印)
(法治浙江丛书)
ISBN 978-7-5178-1458-0

Ⅰ. ①浙… Ⅱ. ①朱… Ⅲ. ①基层组织—社会主义民主—建设—研究—浙江省②基层组织—社会主义法制—建设—研究—浙江省 Ⅳ. ①D638②D927.55

中国版本图书馆 CIP 数据核字(2015)第 306099 号

基层民主与法治浙江
朱全宝 编著

出 品 人 鲍观明
责任编辑 张婷婷
封面设计 许寅华
责任印制 包建辉
出版发行 浙江工商大学出版社
(杭州市教工路 198 号 邮政编码 310012)
(E-mail:zjgsupress@163.com)
(网址:http://www.zjgsupress.com)
电话:0571-88904980,88831806(传真)
排　　版 杭州朝曦图文设计有限公司
印　　刷 虎彩印艺股份有限公司
开　　本 880mm×1230mm 1/32
印　　张 4.875
字　　数 131 千
版 印 次 2016 年 1 月第 1 版 2016 年 3 月第 2 次印刷
书　　号 ISBN 978-7-5178-1458-0
定　　价 28.00 元

浙江工商大学出版社营销部邮购电话 0571-88904970

《“法治浙江”丛书》编委会

序　言

党的十八届四中全会通过的《关于全面推进依法治国若干问题的决定》明确提出全面推进依法治国的总目标，即建设中国特色社会主义法治体系，建设社会主义法治国家。习近平总书记指出："提出这个总目标，既明确了全面推进依法治国的性质和方向，又突出了全面推进依法治国的工作重点和总抓手。"法治成为政府治理、国家治理、社会治理的根本手段，同时法治又是人类共同追求的崇高理想目标。

中外历史经验表明，在国家法治建设的进程中，难免会遭遇种种困难，理论的争锋、观念的冲突、旧制度的阻挡，以及利益的再分配，都会使法治建设的推进不是一条坦途大道。推行法治者不但需要义无反顾的壮烈情怀，还需要一往无前的探索勇气。

苏力教授在《法治及其本土资源》一书中说："真正能得到有效贯彻执行的法律恰恰是那些与通行的习惯、惯例相一致或相近的规定。"确实，实现法治的基本要求便是法律的有效执行，要使其融入民众的生活，就必须充分利用本土资源。这便是说，法治之路离不开地方性的探索与实践。

浙江是改革开放的先行者和排头兵，是中国经济社会发展最具有活力的省份之一，而且在法治建设方面浙江也一直敢立潮头，勇于实践。

2003 年 8 月起，在时任省委书记习近平的推动下，浙江省实行领导干部下访制度，变群众上访为领导下访，成为"法治浙江"建设的重要载体。2005 年，省委十一届九次全会，通过《中共浙江省委关于制定浙江省国民经济和社会发展第十一个五年规划的建议》，明确提出要"以推进'法治浙江'建设为载体，努力建设民主健全、法治完备、公共权力运行规范、公民权利切实保障的法治社会”。2006 年，省委十一届十次全体（扩大）会议，又审议通过《中共浙江省委关于建设“法治浙江”的决定》。会议指出，省委提出并推进“法治浙江”建设，是根据中央的决策部署，对浙江现代化建设总体布局的进一步完善。2014 年 12 月 4 日，省委十三届六次全会通过了《关于全面深化法治浙江建设的决定》，浙江进入了法治建设的快车道。

自习近平同志在浙江省提出“法治建设”决策近 10 年来，全省各地、各部门扎实推进“法治浙江”建设，依法执政水平明显提高，科学立法、严格执法、公正司法、全民守法等各方面均取得显著成效，走出了一条经济发达地区法治先行先试的新路子。今天，站在新的历史起点上，面对新的形势任务，浙江人民在浙江省委的领导下，乘势而上，浙江省委就全面深化“法治浙江”建设做出新的部署，明确了“路线图”，确定了“时间表”，全面推进“法治浙江”建设正向纵深发展。

宁波大学法学院的老师们受浙江省社会科学界联合会的委托，着手撰写“‘法治浙江’丛书”，旨在探寻“法治浙江”建设的曲折历程，展示“法治浙江”建设的丰富内容，揭示“法治浙江”建设的基本规律，总结“法治浙江”建设的成功经验与发展障碍，谋划“法治浙江”建设的新思路、新方案、新路径。

经过近一年酝酿策划、调研讨论和分工撰写，代表这一研究成果的十一个课题成果以丛书形式呈献给读者。相信这套丛书的出版，能让全国乃至世界了解“法治浙江”建设成果，同时也希望能够引起浙江乃至全国法学界、法律界人士总结“法治浙江”的经验，思考“法治浙江”的未来趋势，与我们一起共同把这一个课题做得更好、更深。

是为序。

沈满洪

2015 年 11 月 5 日

注：作者为宁波大学校长

前　言

随着新型城镇化的加速推进，基层民主法治建设的必要性与紧迫性日益显露。我国用30多年的时间完成了发达国家200多年才完成的工业化、城镇化和社会转型。目前我国正处于国民收入从中等收入向高等收入提升时期，快速发展中积聚的诸多矛盾正集中显现，社会中不协调的因素活跃，社会矛盾多发。很长一段时期内，各级政府为了追求GDP和财政收入最大化，致使一些社会群体的利益长期受到漠视甚至不断被侵犯，许多必需的社会公共服务往往被视为包袱而得不到重视，一些由决策、政策失误激起的民怨经常因体制性迟钝得不到及时化解，偶发的矛盾冲突一旦处理不当往往很容易得到利益相关群体的认同和支持，导致参与群体不断壮大，使个体矛盾迅速演化为群体矛盾。在城镇化进程中，打着城乡统筹和小城镇化的旗号，曲解中央政策，以剥夺农民土地权益为代价违背农民意愿盲目推进拆迁、违法拆迁、暴力拆迁的现象时有发生，农民的合法权益无法得到充分而有效的保护。随着工业化、城镇化进程的加快以及产业结构的升级，大量农村劳动力转移到非农领域，成为中国产业大军的重要力量，却被长期排除在体制外，不能与城市居民享受同等待遇，游离于城市和农村之间。长期以来形成的城乡二元体制改革进展缓慢，由此产生的农民工权益保护、城市流动人口和农村留守人口的管理等问题日益突出，各种存量和增量的社会矛盾纠纷愈发集中和突出，对社会的和谐、稳定构成巨大的潜在威胁。

基础不牢，地动山摇；基层不稳，天下难安。中共十八届四中全会通过的《中共中央关于全面推进依法治国若干重大问题的决定》明确提出：全面推进依法治国，基础在基层，工作重点在基层。[①] 十三届浙江省委六次全会通过的《中共浙江省委关于全面深化法治浙江建设的决定》进一步指出夯实法治建设的基层基础。[②] 在此之前，浙江省就基层法治建设还专门出台了《中共浙江省委关于加强"法治浙江"基层基础建设的意见》（浙委〔2011〕85 号）。基层民主法治建设既是依法治国的重要内容，也是重要的基础支撑。[③] 浙江省经过多年的实践探索和不懈努力，走出了一条基层民主法治建设的新路子，既为法治浙江建设奠定了坚实的实践基础，亦为法治中国建设贡献了丰富的基层经验。

---

① 《中共中央关于全面推进依法治国若干重大问题的决定》，《人民日报》2014 年 10 月 29 日第 1 版。

② 《中共浙江省委关于全面深化法治浙江建设的决定》，《浙江日报》2014 年 12 月 15 日第 1 版。

③ 朱全宝：《"五新"助推宁波基层民主法治建设》，《宁波日报》2015 年 6 月 16 日第 A9 版。

目　　录

第一章　星星之火，可以燎原——蓬勃的基层民主发展

基层民主发展主要体现在民主选举、民主决策、民主管理、民主监督过程中所保障的基层群众的“知情权、参与权、表达权和监督权”上，“四个民主”是中国共产党关于人民民主权利内容的概括，是自20世纪80年代开始的中国基层农村村民自治实践中，从自我管理、自我教育、自我服务发展起来的。“四个民主”，在1993年民政部下发的关于开展村民自治规范活动的通知中首次出现，在1994年第十次全国民政会议被正式使用，1997年中国共产党第十五次全国代表大会报告则在一般民主政治的意义上对其进行了阐述，从而成为中国共产党的规范概念延续下来。民主选举，是指人民根据自己的意愿，按照法定形式，选举国家各级代表机关的代表和某些国家公职人员的行为，有直接选举和间接选举两种方式，是人民行使和实现其基本政治权利的一种方式。民主决策，指在决策的规则和程序方面，保证人民的广泛参与，倾听意见并集中民智，使决策建立在民主和科学的基础之上。民主管理，指人民作为政治主体参加国家事务和企事业的管理，行使宪法赋予的各项权利并承担宪法赋予的责任和义务；在基层社会的自治中，管理更是人民的直接行为，是人民民主的实体。民主监督，指人民根据宪法赋予的权力，对国家各级代表机关和公职人员进行监督，以纠正各种违法行为，分为执政党的党内监督、其他党派的党际监督、人民代表的监督、人民舆论的监督和人民个体的监督等，是人民民主的保障。《中共中央关于加强党的执政能力建设的决定》明确提出：“推进社会主义民主的制度化、规范化和程序化，保证人民当家作主。健全民主制度，丰富民主形式，扩大公民有序的政治参与，保

证人民依法实行民主选举、民主决策、民主管理、民主监督。”①党关于人民民主权利内容的四个方面的概括，反映了党对人民民主的深刻把握，体现了中国特色，拓展了人民民主的实践空间。②

第一节 民主选举得民心

选举权是民主权利的首要内容。浙江省于1982年开始进行村民委员会的选举试点工作，1988年6月，全国人大常委会制定的《村民委员会组织法(试行)》正式实施后，1988年11月，浙江省第七届人大常委会在总结浙江省村民选举实践经验的基础上，制定了《浙江省实施〈中华人民共和国村民委员会组织法(试行)〉办法》，对如何开展村民选举做了较为具体的规定，促进了浙江村民选举活动的健康、有序开展。1998年11月，全国人大常委会制定出台了《村民委员会组织法》，比试行法的内容更为丰富，程序更具操作性。但《村民委员会组织法》所规定的村民选举仍然具有原则性，并不是通过专门的选举法来规定的，内容上难免有疏漏，实践操作性亦有待增强。为此，1999年10月，浙江省第九届人大常委会以《村民委员会选举办法》(以下简称《选举办法》)，对如何开展村民选举做出了全面、系统的创新性规定。(1)《选举办法》对村民选举的各个阶段和村民行使选举权的主要环节，都按照民主的原则规定了明确具体的程序。(2)《选举办法》对村民委员会选举设定了严格的行为规范，对村民委员会的构成、任期，村委会选举指导机构的组成和职责，投票方式，受委托投票人的义务，基层政府在村委会选举中的职责等问题，都做了明确的规定，从而能有效保

---

① 《中共中央关于加强党的执政能力建设的决定》，《人民日报》2004年9月27日第1版。

② 《民主选举、民主决策、民主管理、民主监督》，中国共产党新闻网：http://cpc.people.com.cn/GB/134999/135000/8110508.html，2015年2月10日访问。

障村民选举健康、有序地进行。(3)《选举办法》对选举中出现的一些实际情况，在不违背《村民委员会组织法》中确立的关于村民选举的立法精神的前提下，做出了一些创新性规定，如对村民选举委员会不依法履行职责致使选举工作无法正常进行的，可在调查核实并报经批准后按程序重新产生村民选举委员会。(4)《选举办法》对选举中出现的违法行为和有关部门在处置中应负的职责，做了许多更为明确、具体的规定。上述规定，对完善选举程序、降低运行成本、排除违规行为的干扰，具有重要意义。

选举权不只在浙江农村获得了实在的保障，在城市社区亦是如此。2008 年，上羊市街居民委员会被民政部确认为新中国建立的第一个居民委员会，目前，浙江全省 3138 个社区居民委员会，半数以上都通过直接选举产生社区居民委员会，杭州率先通过探索实施电子化投票选举方式。①

一、"民主法治村"开先河

"民主法治村"是宁波市 1998 年在全国率先提出的，此后，余姚市谢家路村便开始以民主选举为突破口，以全面推动民主议事为重点，保障村民享有村集体大事的知情权、决策权和事后的管理权、监督权，促进农村政治社会全面稳定。宁波经验得到了国家有关部门的高度肯定，随后向全国推广。

目前，宁波市 2500 多个村都开展了民主法治示范村的创建工作。截至 2013 年 3 月，宁波全市已培育 10 个国家级"民主法治示范村"，113 个省级"民主法治示范村(社区)"，226 个市级"民主法治示范村(社区)"，县级以上"民主法治示范村"达标率 84.6%，创建数量和质量走在全省乃至全国前列。

"民主法治示范村"创建工作紧紧把握农村法治的特点和契合民主权利的时代要求，为基层民主法制建设发挥了良好的示范引

---

① 胡虎林:《法治浙江》，西泠印社出版社 2012 年版，第 27 页。

领作用，在扩大基层民主、维护社会稳定、提高基层法治化水平、增强干部群众法律意识和法律素质等多个方面都取得了积极成效，为农村基层的发展繁荣奠定了扎实的社会基础。

全省民主法治村(社区)创建面达 95%。全省半数以上的社区通过直接选举产生社区居委会，普遍推行民情恳谈会、事务协调会、成效评议会等民主管理制度。截至 2014 年第三季度，全省共有 770 个村(社区)被授予“省级民主法治村(社区)”。省、市、县三级的“民主法治村”，在农村和社区发挥示范带领作用，为基层的发展繁荣奠定了扎实的基础。①

二、“海推直选”推出村干部

海推直选是指层层筛选，不设定选举范围，所有村民都有参选资格，并采用不记名投票方式，只需要在空白选票上写下自己满意的人选后再投入选票箱即可。浙江省不仅全面实行由村民直接选举村委会的“海推直选”，有的地区还根据当地实际进行创新。在 2008 年的村级换届选举中，有些地方进行了改进和创新性探索。在这些地方，村级换届选举实行“两票制”，两张票的内容并不一样，一张是村委主任的候选人名单，另一张则是村委副主任、村委委员、妇女委员候选人名单。原本放在一张票上的内容分成了两半。选民在候选人姓名上方画上圈时，不能在空白栏上写上其他名字，“作弊”不能得逞，就更能体现选举的民主性了，并且对选出来的村两委干部实行村干部试用期制度，他们上任期满 6 个月后，由乡党委、政府和村民、党员对其进行“双评”，对不合格者延长 6 个月考察试用期，期满经测评仍不合格者依法定程序和竞选承诺书被免职或罢免。

除“海推直选”，还有“自荐直选”，该制度目前已经在浙江基层

---

① 沈吟、李爽：《我省“民主法治示范村”创建 16 年——和谐之花，绽放乡野》，《浙江日报》2014 年 11 月 13 日第 18 版。

得到广泛推行，截至2012年末，有88.4%的村采用“自荐直选”。[1]自荐直选是通过组织“自荐人”进行竞职演说，全面推行创业承诺、竞职承诺、辞职承诺等“三项”承诺制度，有效约束了参选人的竞职行为，减少了选举结果的不可预见性，提高了选举成功率，降低了选举成本。

浙江省台州市玉环县的烧瓦村位于清港镇中心区域，西邻清港村，东接徐斗村。该村耕地面积429.4亩，其中水田面积为389.4亩，旱地面积60亩，水果面积56亩。全村人口1330人，户数430户，劳动人口727人，党员20人。全村社会总产值28009万元，人均年收入11065元。该村着力于发展村级企业。

几年来，这个村子先后获得了“浙江省农村基层党风廉政建设示范村”“浙江省充分就业村”“台州市文明村”等诸多荣誉。2012年，该村获得“全国民主法治示范村”的荣誉。如今的烧瓦村，经济繁荣、社会稳定、群众安居乐业。这背后，是近年来烧瓦村村班子一边狠抓经济发展，一边积极创建“民主法治村”的成果。这首先体现在烧瓦村落实民主选举制度、确保村民的参与权上。在2011年4月的村委会换届选举中，该村严格贯彻和落实《村民委员会组织法》，按照自荐海选形式，推选出村民委员会主任1人，委员3人。同时，采用同样的方法，由村民民主选举出村民代表39人，其中妇女代表15人。2012年7月1日《浙江省实施〈中华人民共和国村民委员会组织法〉办法》施行后，依法及时增补推选3名村民代表，目前村民代表为42人。

三、“专职专选”保障妇女权利

为提高农村妇女民主政治参与的比例和质量，浙江省在农村基层组织换届选举中，通过推荐农村女党团员、女能手、女骨干积极参选，以及专职专选的方式，提高农村妇女民主意识和参政能

---

① 胡虎林：《法治浙江》，西泠印社出版社2012年版，第31页。

力。目前，浙江已完成选举的村级组织中，妇女代表均超过三分之一。

为了保证妇女村民代表的素质，一些地区也采取了措施，如长兴县夹浦镇对推选妇女代表提出了“三个不适宜”要求，即家务繁忙难以保证时间、家庭关系紧张有矛盾、口舌是非多形象较差的不宜推选为村民代表。玉环县楚门镇则对妇女村民代表的推选，制定了4个基本条件和8个限制条件，使一些政治素质好、文化水平高、工作能力强、乐于为群众办事的村民当选村民代表。

在选举过程中，浙江许多地方通过“专职专选”确保妇女村民代表的当选率。玉环县楚门镇按照已审核确定的妇女代表名额分配情况，实行单列专选，确保妇女村民代表的当选比例，该镇蒲田村上一届无妇女代表，本届已有25名妇女代表，占村民代表总人数的56%。永康市龙山镇针对各村的实际情况，专门按照妇女村民代表设置建议数细化设计了13种推选选票，在选票上单独设置女村民代表“专职专选”一栏，以得票多少从高到低取足妇女代表名额。

根据浙江省委组织部门的统计，至2010年底，浙江省11个试点乡镇所辖的236个试点村已完成村民代表推选，共推选出妇女村民代表3376名，比上一届增加71.7%；占村民代表总数的35.9%，比上一届提高了24.4个百分点。①

四、外来务工人员参与选举

在社会利益多元化的今天，平等协调、理性对话，急需建立在法制化的博弈机制上。当“向社会公开征求意见”成为一种行政决策的必备程序时，各种群体如何能拥有自己的代言机制成为关键。外来民工是一支为所在地的经济发展做出了重要贡献的劳动力队伍，但是他们的民主政治权利由于种种原因(工作上的和户籍关系

---

①　方列:《浙江“专职专选”推举农村妇女参政》,《村委主任》2011年第5期。

上的），既不能在户籍所在地行使，又难以在现居住地行使。近年来，随着浙江省基层民主法治建设的推进，外来务工人员更积极参与到地方民主政治生活中。浙江义乌大陈镇人大主席团在义乌市人大常委会的指导下，依据相关法律法规把外来人员纳入了人大代表选举范围。经过宣传动员、选民登记、选区划分、协商和确定候选人、投票选举等工作程序，“2001 年 12 月 12 日，来自外省以及本省其他市县的 7 名代表，当选为大陈镇第十三届人民代表大会代表。2002 年底在县级人大换届选举中，包括大陈镇在内义乌全市共有 11 名外来务工者当选为全国首批县级人大代表”①。这是冲破户籍等阻碍人民民主权利普遍实现的樊篱，真正实现公民在全国范围内当家做主、行使政治权利的重要实践，而外来务工者加入当地党组织，成为村两委成员、县政协委员、妇联代表等情况已经不足为奇。

第二节　民主决策全透明

一、决策程序规范

嘉兴洪溪村在健全民主决策程序上已经走出了一条新路，“八步工作法”是洪溪村规范决策程序的经验总结。洪溪村认真落实了村民代表会议制度，建立了村务公开和村务民主决策机制，凡是本村重大事务先广泛征求村民意见，集中全村村民的智慧，由村民代表会议审议通过，再提请全村村民表决。洪溪村在全市率先创立了重大村务公决制，具体归纳为“八步工作法”，公决事项的酝酿——公决事项的论证——提出公决草案——合法性审查——完善公决方案——组织村务公决——决议的实施及监督——实施结果公开。从 2004 年以来，洪溪村正是利用村务公决“八步工作

① 姚建华：《扩大基层民主建设政治文明——浙江的实践与启示》，《中共浙江省委党校学报》2003 年第 6 期。

法”,先后妥善处理了高浜筑路、中龙港块石护岸、二轮土地承包、五户评创、居家养老等一系列重大事务。逐步化解了村里各类矛盾,真止实现从“为民做主”向“由民做主”的转变。

湖州南浔区为使决策程序规范有序,重点抓好以下三个环节:第一是确定公开内容。村级党务公开的内容按照党章有关要求由村党组织在征求党员意见后研究决定;村务、财务公开的内容由村“两委”联席会议研究确定后,提交村民代表大会审议通过;凡涉及财务公开的内容由村民理财小组事先进行审查,每季度财务报表由镇财会结算中心负责提供。第二是印发“三入户”公开表。由各镇政府统一提供公开表样张,各村统一印制,统一加盖村两委会公章;“三入户”公开表由村民小组长负责领取并发放到户。第三是意见反馈。村民可以通过回执栏反馈合理的意见或要求,回执栏可交由村民小组长上交或投递到“三入户”公开意见箱。第四是梳理处理。村“两委会”对党员、群众反馈的意见或要求进行梳理分类,及时处理;处理的意见、结果,可通过个别走访、民主恳谈等方式给予及时答复和妥善处理;对其中涉及的村级重大公共事务,采取“一事一议”的方法,提请村民代表大会形成决议,提出解决措施和实施方案。第五是情况通报。将公开的意见、建议办理结果在下一次党员会议、村民代表大会上当众进行通报,真正提高公开的透明度,提升农民对干部的信任度。

二、决策过程透明

在宁波余姚市永丰村,小小的一份《今日永丰》,虽然只是村委会办的每月一期的报纸,却是全村 2700 户人家必读的刊物。从永丰村干部报酬情况公开表,到 2010 年 1 月至 3 月公共事业类支出;从抓获盗窃嫌疑人消息到低碳生活倡议书,村规村务,大事小情,一目了然。

这份报纸是永丰村民主法治生活的一个窗口。村委会主任鲁根春说:“从 1983 年当上村干部以来,人们民主法制观念不断加强,有了民主和公开,村里的工作越来越好做。”让这个 54 岁的村干部感受最深的是村里修建新农贸市场的事。5年前，村委会为方便村民生活决定投资2000万元修建一个农贸市场，没想到项目还没开始施工就遭到了村民反对，有的说选址不方便，有的质疑施工单位资质，村委会为此费了不少力却没有得到认可，只好作罢。去年10月，村委会通过全村党员集体决策，并召集84名村民代表征求意见，讨论通过了《永丰村村级工程建设项目公开招标制度》，并据此落实了横堰农贸市场工程的招投标方案，农贸市场很顺利地建起来了。

今年71岁的村民张文祥是经过村民投票选举的村民理财小组组长。这个小组是专门监督审查村里财务收支状况的。从2005年当选到现在，张文祥和小组的其他4名成员每月审查一次村里的账本。村委会的每一项支出，只有经过他们认可盖章才能报销。"我感觉村里的财务支出基本上是合理的，觉得不合理的地方我们会提出建议。"张文祥说，这些年村里的招待费从来没有超过财政收入的6%，做到这样不容易。

课题组参观了永丰村的治安录像监控室，全村62个主要路口、案件多发地段都安装了监控探头，并与监控室的电子屏幕联网，有工作人员24小时值班，有力保障了村里的治安。

"只要有一件事不经过民主程序，不符合法律文件规范，村民都有可能提意见，所以，我们一切按规章制度进行，真正做到有法可依、民主议事。"鲁根春说。近年来，永丰村通过把"四民主两公开"（民主选举、民主决策、民主管理、民主监督；村务公开、财务公开），"阳光村务八步法"（村里民主决策程序）以制度的形式确立和固定下来，让这个面积不足5平方千米、人口近2万的村子走上了民主法治的发展之路。

2002年，永丰村获得第一批"宁波市民主法治示范村"称号，2005年又获得了第一批"浙江省五星级民主法治村"称号，2009年，司法部、民政部联合表彰了第四批全国民主示范村，永丰村榜上有名。

三、村民大会公决

受宗族、宗派、历史文化等因素的影响，浙江省台州仙居县村级组织相对比较复杂。说起村级事务，村干部们一致认为，农村事务是最难管理，也是最复杂的。像“村民意见不一致，修一条村道要花几年时间”的事情很常见。同时，“宗族、派性之争，贫富悬殊，这些都需要一个融合的过程。”仙居县委组织部副部长林杰说。此外，“村委会、党支部不协调、有矛盾，导致在村务管理问题上决策机制不民主、不透明，村民有异议，从而引发不稳定因素。”时任浙江省仙居县委常委、组织部部长黄璋说。基于此，仙居县委便提出“村务大事民决”，即重大的事情要考虑民意，以此来规范决策机制。

2001 年底，仙居全县 721 个行政村推行了村务大事民决制度，规定：凡涉及村民利益的重大事务，都要按“一事一议”原则提交村民公决。村务大事民决，就是将决策的过程公开，通过集体讨论、民主论证、意见反馈、公开民决，使决策结果体现出老百姓的智慧、利益，“因此村民的热情很高。”林杰说。民决规定：人均超过 50 元的村公益事业、承包方案、村集体经济所得收益等内容，村党支部、村委会必须提交村民进行公决。民决后的村务大事付诸实施时，“由于决策时最大限度体现了村民的意愿和利益，他们便会自觉行动，有的还会相互说服，带动个别有不同想法的村民最终达成共识”。据林杰介绍，仙居县民决制度实施以来，全县各村已累计投资 8000 多万元，发展、兴办了 1600 多项集体经济项目和水、电、路、有线电视等基础设施。“将为民做主变为让民做主，实行村务大事民决后，村两委拉票现象减少了，村民的民主意识在提高，决策也更民主、科学，”林杰说，“民决深入人心，关键是决策找到缺口，简便易行。”

四、决策结果公开

湖州南浔区地处浙江省杭嘉湖平原，位于湖州市东北部，辖 9

个镇 221 个村，总人口 51.4 万。针对农民群众普遍反映的村务公开内容“不方便看、看不仔细”等情况，南浔区不断适应新形势，探索村务公开的新路子，已在全区农村全面推行“村务、财务和党务”的“三入户”制度，真正使村务公开的内容达到了农民群众的“方便看、看得懂、看仔细”的要求，实现了村务公开与农民群众的“零距离”接触。

一是公开内容全面。凡村级财务、村干部报酬、土地征用费分配、计划生育、民政、建房审批和重大工程项目招投标都列入公开内容，其中村级财务公开表基本上由乡镇村级财务指导服务办公室提供，一般公布到二级科目，有的村还将“村干部报酬”“其他支出”科目逐人逐笔公布。二是公开形式多样。大部分乡镇都统一制作了公开栏，统一格式，设置在村中心，有的还以会议公布、书面公布为辅助，做到公开形式的多样化。如南浔区善琏镇车家兜村实行“三入户”制度，每季度将党务、村务、村级财务明细以公开表的形式发放到户，创新了村务公开的形式，提高了村务公开与群众的贴近度。[①] 三是公开程序规范。村务公开内容上墙，特别是村级财务账目张榜公布前，必须经村民主理财小组审核后再向群众公布。如安吉县章村镇实行“一理二审三核四公开”，保证了村级财务公开的真实性。四是公开时间统一。大多数村做到每季度公布一次，全年公布四次，少数村已做到每月公开一次。

第三节　民主管理出奇招

民主管理是基层民主的重要内容，也是推进基层民主发展的关键环节。基于浙江温岭在民主管理方面开创的重要经验，笔者对浙江温岭进行了详细调研。

---

① 郑志耿等:《法治浙江——发展社会主义民主政治》，浙江人民出版社 2006 年版，第 133 页。

一、民主恳谈成效大

“民主恳谈”作为基层民主的一种实践形式，是温岭的原创，也是全国的首创。温岭的“民主恳谈”始于1999年6月。浙江省温岭市松门镇党委和镇政府为了更好地推动当地经济和社会的发展，加强基层民主政治建设，缓解在一定程度上存在的干群关系紧张状况，增进政府与群众之间的相互理解和认同，举办了首期“民主恳谈会”。让镇党委和政府始料未及的是人民群众呈现出空前的热情，100多名群众自发前来参加会议，并就镇里的投资环境、村镇建设规划等重要问题以及涉及群众生活的诸如液化气价格等具体问题，与镇领导进行了面对面的平等的交流和对话，镇领导对群众提出的问题现场做了认真的回答，可以答复和解决的问题当场予以答复和解决，对一些一时不能够解决的问题则做出了解释，并承诺了具体的解决措施和时限。这种形式的“民主恳谈会”，当年在松门镇举办了4期，参加的群众达600多人次，被群众称为“不用花钱就能办成大事、解决难题”的松门“焦点访谈”。1999年底，温岭市委、市政府及时总结并推广了松门镇的做法，既充分肯定了“民主恳谈会”是新形势下农村基层民主政治建设的好形式；又加以积极引导，明确提出了开展“民主恳谈会”必须把握好坚持党的领导、坚持依法办事、坚持民主集中制、坚持注重实效四条原则，以确保基层民主政治建设正确的发展方向。同时，逐步使之制度化、规范化、程序化，在实践中不断健全和完善“民主恳谈会”的民主决策、民主管理和民主监督功能，从而使“民主恳谈会”越办越好。

二、民主协商花样多

协商民主(deliberative democracy)又称审议性民主、商议性民主或商谈民主，是20世纪晚期兴起的一种民主理论，它吸收了各种民主理论的合理成分，是民主制度的一项新设计。它强调公民是民主体制的参与主体，主张公共政策必须经由公共协商，在自由、平等的公民之间进行讨论、对话和争辩，在此基础上形成决定，从而让公共政策在实质上符合更多公民的利益,而不只是在表面上体现公民的意志。针对农村"三资"管理中出现的争端,温岭市从畅通民意沟通渠道,完善利益表达机制入手,通过镇村两级集体会审的方式予以解决。村务监督两级会审制度曾被吸收写入《浙江省村务监督委员会工作规程(试行)》,并在全省推广。一是明确会审机制。按照分级负责的原则,村级审议日常事项,镇级审议重大、复杂和村级会审难以解决的事项。二是明确会审内容。将强农惠农政策措施落实,村级财务管理,村级集体资产资源处置和村级"三资"公开后的异议等难题作为重点。三是明确会审人员。村级会审人员为村监会全体成员和驻村干部,镇级会审人员为镇级纪检组织负责人和各村村监会主任,必要时邀请村两委主要领导、有关经办人和业务专家参加。四是明确会审形式。通过集中审议、民主评议、专项建议,为"三资"管理各利益相关方或第三方搭建意愿表达平台,在沟通对话中推动共识形成,以集体智慧解决农村"三资"管理中出现的复杂、重大、疑难问题。五是明确会审结果运用。对村级会审事项,由驻村干部负责督促村两委等自行落实。对镇级会审事项,由镇级纪检组织出具会审建议书,督促整改落实。拒不落实的,由镇级纪检组织对责任主体进行诫勉谈话,并召开村民代表会议做出决定。2013 年全市开展镇级会审 43 次,村级会审 3086 次,审核纠正票据 497 张,拒付不合理开支 312.9 万元,化解矛盾纠纷 282 件。

协商民主不只表现在农村"三资"管理中,还充分体现在"工资"集体协商中。2003 年,温岭市新河镇政府为解决当地非公有制经济劳务纠纷而想出来一个点子——行业工资集体协商制。当时,13 名从各类企业中选派的职工代表与 20 多名企业负责人,面对面进行工资协商。在此基础上,经过改进和完善逐步形成了新河镇羊毛衫行业的工资集体协商机制。之后,这一做法在温岭的其他行业得到了推广。

据统计,从 2003 年推行工资集体协商制度以来到 2004 年,新河羊毛衫行业工人因工资问题上访有 11 次,共 120 人;2004 年到

2005 年，这一数据降低到 3 次，共 11 人；2005 年到 2006 年只有一次，3 人；2007 年无工人上访记录。中国社会学研究会会长陆学艺评价称，温岭的工资协商机制，着眼于重构和谐健康的劳动关系，具有很强的现实意义。

三、民主管理有规范

在实施民主管理进程中，制度规范是前提，也是重要保障。浙江各地十分注重村级民主管理制度建设。目前，绝大多数村都结合各村实际，制定了村规民约或村民自治章程，建立了村民会议决策、村民代表会议议事、村务公开、民主理财等制度，村民自治制度进一步得到完善，村务决策更加民主化、公开化、规范化。如嘉兴圣驾桥村围绕“三农”工作、财务管理、村干部报酬和其他开支标准、水利建设和机埠管理、生产队长任期职责报酬、土地征用款分配管理、户籍管理及家庭分设、村级退休干部待遇等 7 个方面，专门制定了《政策、制度、规定》，装订成册，村民代表人手一册，在实际工作中依章执行，效果比较好。一些地方还通过不断探索，逐步在实践中探索出一些好的民主管理方法，提高了村务管理的整体水平。如吴兴区东林镇实行村级民主恳谈听证会制度，由党员、村民代表与村党支部、村委会和村经济合作社进行民主对话和沟通，通过工作报告、提案质询、释疑论证、民主评议，使党员、村民在了解党务、村务、财务的基础上，更好地行使村内事务民主决策、民主管理和民主监督的权利。德清县武康镇宋石村实行村重大事项票决制度，规定凡涉及村民利益的重大事项，必须提请村民代表会议投票决定，只有达到实到代表的 80%以上同意方为有效。安吉县梅溪镇建立村民代表常任制度，对村民代表常任工作职责、活动、考核等从制度上做了明确规定，调动了村民代表参与民主管理的积极性。

第四节　民主监督显身手

民主监督是实现基层群众当家做主、自我管理的一项重要内容。有效地进行民主监督，在保证党和国家的方针政策和法律法规在基层的实施，保障村（居）民会议或村（居）民代表会议决定的事项的落实，加强村（居）委会建设，保证基层干部的纯洁性，维护村（居）民的合法权益，调动群众的积极性等方面具有重要意义。目前，浙江省农村全部建立了村务监督委员会①，村务监督委员会在民主监督中发挥了很好的作用，村级重大事项均能通过村民集体讨论决定，并接受村民全面监督。发端于浙江省的村务监督委员会制度，已被写入《村民委员会组织法》，上升为全国性的制度。

一、村务监督有实效

2004 年浙江武义县在白洋街道后陈村开展民主监督试点工作，探索建立可操作性比较强的村级民主监督机制，以便更好地解决村务管理中由于监督"缺位"和"错位"而造成的各类问题。在这个过程中，后陈村制定了《后陈村村务监督制度》，并为有效执行村务监督制度创建了"村务监督委员会"，这是全国第一个在村民自治中专门从事监督的村级组织。按照规定，村务监督委员会成员只能由非村两委成员及其父母、配偶、子女、兄弟姐妹等直系亲属的村民代表担任。候选人通过全体党员和村民代表参加的推荐会推荐，再在村民代表会议中进行差额选举。村务监督委员会由 3 人组成，其中主任 1 人，委员 2 人。主任由村民代表会议选举得票最多的候选人担任，任期与村委会成员相同。村务监督委员会受村民代表会议委托独立开展监督工作，对村民会议或村民代表会议负责，不参与村务管理，其工作职责包括对村两委执行党的路

① 胡虎林：《法治浙江》，西泠印社出版社 2012 年版，第 32 页。

线、方针、政策及村级管理制度的情况进行监督，对村务财务公开的清单进行审核等 9 项内容，是一个专门从事村务监督工作的机构。后陈村通过建立村务监督委员会，监督成效明显，与原有的监督制度比较，村务监督委员会的创设及其职权配置，把村务监督专职化，增强了监督权行使的独立性，不仅注重事后的监督，而且注重事前的防范，监督力度亦明显增强。同时，它还在村民中发挥了上下沟通、答疑解惑的作用，促进了党群、干群关系的和谐。目前，该制度已经得到普遍推广。

说起民主监督，宁波市北仑区新碶街道向家村的村务监督委员会亦取得了一定成效。2009 年，该村建立了独立于村两委的村务监督委员会，成为完善村级民主自治制度的有效创举。向家村村务监督委员会主任李鹏洪将一份关于“新向家人”管理委员会办公用房的建设项目文件贴进公开栏。在这个公开栏内，小到买一叠信纸、一瓶胶水的开销，大到重大工程的账目都写得清清楚楚，精确到每 1 分钱，并且需要村监会所有成员的审核签字，才能报销入账。从“有人监督”到“有序监督”“有效监督”，向家村的民主监督让村级事务更加有序、规范地运行。如今，向家村村级总资产约 1.2 亿元。近年来，该村获得“省级民主法治村”等多项荣誉称号。

嘉兴洪溪村为充分发挥监督组织的作用，每月理财，每月交流，有问题及时沟通。每月利用村务公开栏、村务简报和便民服务咨询室等三个窗口向广大村民公开村务，接受村民的质询和监督。从 2014 年开始对村干部与村聘用人员开展“三个一”测评工作，这不仅实现了对村干部的经常性监督，而且有力促进了全体村干部勤政廉政意识的提高。如该村新农村建设区域由于地理位置较好，村民中想找村干部钻空子的人不少，为了杜绝村干部暗箱操作的情况，村里专门成立了新村居住点建设领导小组，小组成员包括村班子领导、村民代表、党员和一般村民，有关新村点的一切事宜全部由新村领导小组讨论决定，包括村干部在内的任何个人无权更改，这样一来，村民的权利得到了有效保障，群众消除了疑虑，群众气顺了，对村干部更加信任了，上访自然没有了。

二、预算监督谱新篇

浙江温岭的“参与式”预算改革，是指公民以民主恳谈为主要形式参与政府年度预算方案编制讨论，人大代表审议政府财政预算并决定预算的修正和调整，实现实质性参与的预算审查监督。从 2005 年开始，新河、泽国两镇率先“试水”公共预算改革，积极运用曾获“中国地方政府创新奖”的温岭原创基层民主形式——民主恳谈为人代会审查预算服务，形成了对预算进行实质性审查监督的“参与式预算”。之后，随着试点坚持与成熟阶段（2005—2007 年）、稳步扩面阶段（2008—2009 年）的有序推进，直至 2010 年的全面推开阶段，引起了上级党委、人大及各个层面的关注和肯定，并被认为具有中国基层公共预算改革重大突破的意义。2010 年 6 月，时任浙江省委书记赵洪祝同志做出重要批示，高度肯定“参与式”预算改革的做法。“参与式”预算改革荣获第五届“中国地方政府创新提名奖”。中央电视台、《人民日报》、《瞭望》，美国《洛杉矶时报》、《巴尔的摩太阳报》等国内外媒体均做过报道并给予高度评价。目前，温岭的参与式预算改革正由点到面，在全市各镇（街道）全面推行。从 2005 年的两个镇试点到 2008 年的 5 个镇，直到 2010 年全市所有镇（街道）全面实施参与式预算；正由下而上，从镇一级提升至市一级。目前，市人大共对 15 个部门实行预算审查监督，涉及预算总额 17.64 亿元，占温岭市 2010 年财政预算支出的 70.26％；正由表及里，逐步深入到位，全面推动实施代表团“一对一”专题审议部门预算制度。在 2010 年的人民代表大会上，预算报告由往年的书面审查恢复为大会听取审查；正由软到硬，彰显审查监督刚性。市人大常委会于 2010 年制订出台《关于政府重大投资项目监督的规定》，首次对投资 3000 万元以上政府性重大项目进行全面审查。温岭的民主实践表明，参与式预算的实施，在推动民主进程、激活人大作用、促进公共预算、转变执政理念、改进政府工作等方面，都产生了积极的效果。

第二章　不以规矩，不成方圆——完备的基层规范体系

不以规矩，不成方圆。制度规范是基层社会治理的基础和保障。在基层民主法治进程中，浙江省历来注重建章立制，坚持规范先行、制度保障。通过制定和出台一系列关涉基层民主法治发展的规范性文件（包括地方性法规、规章等地方性立法，以及规章以下的规范性文件），民主进程有了坚实保障，法治发展有了重要基石。

第一节　基层规范

一、省里出台的有关基层治理的规范性文件

2012 年 3 月 31 日，浙江省第十一届人大常委会审议通过了《浙江省实施〈中华人民共和国村民委员会组织法〉办法》和《浙江省村民委员会选举办法》，自 2012 年 7 月 1 日起施行。关于此次修订，两个地方性法规主要体现为“五个重要变化”和“七项创新规定”。[①]“五个重要变化”即充实村民委员会的职责，强化对村民自治组织成员的约束，规范村民代表会议的运行，实现村务监督组织的重大转变，单列农村社区建设一章。“七项创新规定”即新增自荐直选作为村民委员会选举的重要方式，新增村民委员会成员任职具体条件和审查程序，新增妇女村民委员会成员和妇女村民代

① 胡虎林：《法治浙江》，西泠印社出版社 2012 年版，第 33 页。

表专职专选，新增村民自治组织成员之间任职回避，新增村民委员会成员的辞职承诺，新增票决制作为村民会议表决的形式，新增村民委员会成员接受质询的监督形式。这些规定对进一步推进基层民主法治发展产生了重要作用。

除了省里出台的地方性法规外，省人民政府及有关职能部门亦制定了一些规范性文件以指导基层民主法治建设。比如2008年，浙江省民政厅制定下发了《浙江省村民代表会议工作规程（试行）》，这是全国第一个省级层面专门规范村民代表会议的规范性文件。2010年，浙江省委、省政府办公厅印发了《浙江省村务监督委员会工作规程（试行）》，进一步规范了村务监督委员会的工作。在总结村级组织运行经验基础上，2011年浙江省委、省政府办公厅修订了《浙江省村级组织工作规则》，同年6月又下发了《关于进一步健全完善村务公开和民主管理制度的通知》。这两个法规文件的出台，受到国内一些媒体和专家的推崇，被认为“浙江省村务公开重视建制，走在了全国前列”①。2015年，浙江省人大常委会通过了新修订的《浙江省实施〈村民委员会组织法〉办法》和《浙江省村民委员会选举办法》，进一步完善了村民自治法律。此外，为专项规范基层选举工作，推动民主选举有效进行，浙江省委办公厅、省政府办公厅下发了《关于认真做好村级组织换届选举工作的意见》，省纪委、省委组织部、省监察厅、省民政厅、省农业厅联合下发了《关于严肃村级组织换届选举纪律的通知》，省民政厅为此专门制定了《浙江省村民委员会选举规程（试行）》，对选举各个环节进行细致规定，做到选举程序有法可依，有据可查。

二、地市出台的有关基层治理的规范性文件

在民主法治建设的大背景下，全省各地及时响应，根据实际情况，以有关法律、法规和政策为依据，加快完善以村民自治章程、村

---

① 龚云：《浙江省依法推进农村基层民主政治建设——来自对浙江省基层民主建设的调研》，《学术通讯》2006年第2期。

规民约为核心的民主管理制度体系，积极推进村务公开和民主管理的制度建设和创新。经过努力，各地在制度建设上取得了较大的突破，如宁波市对现有制度进行整合，推行重大村务公决制、村级事务听证制、村级财务公示制、村干部工作报告评议制等四项制度，形成了一条“制度链”，提升了村务公开和民主管理的水平。

为推进基层社会治理法治化，宁波市始终坚持“制度先行”，比如：为指导农村基层民主法治建设，制定了《宁波市农村民主法治建设工作指南》；为持续推进“民主法治示范村（社区）”建设，实施了《宁波市“民主法治示范村（社区）”动态管理办法》；为充分发挥法律顾问对推进基层民主法治的作用，出台了《宁波市建立农村法律顾问制度实施意见》。此外，为规范基层群众自治，全市 2567 个行政村中 98%以上的村建立健全了适合各村实际，以村民自治章程为核心，上与国家大法相吻合、下与本村实际相结合的村级规章制度体系，并把一系列规章制度编辑成册下发，或统一印制上墙。这为基层民主法治建设提供了一个切实可行、便于操作的规范依据。目前，宁波市已指导帮助农村、社区建立健全重大事项依法民主科学决策、重要事项提请审议、农村（社区）事务民主管理、党务村务财务公开、村（居）干部任期、民主评议和离任审计等各项制度，形成了较为完整的基层社会治理制度体系。

第二节　乡村典章

一、典章始末

2008 年 1 月 10 日，浙江省新昌县儒岙镇里外岙村的所有村民均喝到水质达标的自来水了。而在此之前，由于村民对取水点分歧很大，该村的自来水工程一放就是好几个月，全村人的用水都成了问题。

这个棘手问题的解决，其实得益于一本只有 20 页的淡黄色的小册子。这本被村民誉为村里的“小法律”的手册，便是将新昌县儒岙镇石磁村这个名不见经传的小山村推向公众视野的“乡村典章”。经过3年多的实践,这个封面仅印有“《石磁村典章》(以下简称“典章”)、2004年7月”的小手册,如今已经成为新昌县村民自治的一个缩影和样板。村民自治,其根本就在于把村级事务的决策权和处置权交给村民,即所谓的还权于民。而乡村典章设置之初,就是“让村民最大限度地参与村内事务管理”。

地处浙东新昌县天姥山麓的儒岙镇石磁村不仅是革命老区,也是纠纷、矛盾比较多的村。用村里人的话说,“矛盾已经到了非解决不可的地步了”。怎么解决?显然,以往的方法已经不适合更解决不了矛盾了。新昌县委决定,“在村两委(村民委员会和村党支部委员会)矛盾相对突出、干群关系较为紧张的儒岙镇石磁村”率先试点。

典章便是在这样的背景下应运而生。其实从典章制定伊始,新昌县就已经打开了村民民主自治的一扇大门。典章初稿经过梳理并张榜公布后,村干部便挨家挨户收集意见,最后由全体村民对典章进行公议公决。据了解,在石磁村1100多个选民中,参加典章投票的达980人。2004年7月16日,被舆论誉为全国首部“村民自治特别法”的《石磁村典章》带着所有人的希冀问世了。经过论证后,典章在整个儒岙镇开始全面推广。于是,《石磁村典章》又有了一个更为宽泛的名字:《乡村典章》。

典章依据《村民委员会组织法》制定,成为村干部与村民的“刚性规范”。同时也对村干部和村民形成双向制约的合力,即相互管理、相互监督。我们看到,典章对村级组织及职责、村务议事及决策、村级财务管理、村务公开制度等六大项内容分别做了详细的规定。典章在程序上保证了党组织的领导地位,规范了村里的事务。因此,这项全面提升了村级管理民主化程度的制度,不仅让百姓更好地进行民主选举、民主决策、民主管理和民主监督,同时也逐渐消解了农村基层的各种矛盾。“有了乡村典章,等于村里有了自己管理自己的规则制度,这让消解矛盾、维护乡村稳定在制度上有所保障。”时任绍兴市委书记王永昌这样评价乡村典章。

二、典章效果

在基层,两委关系不协调、村务财务透明度不高、村干部乱作为不作为,这三大现象是产生矛盾纠纷、引发百姓不满以致发生群体性事件的导火索。典章和村务大事民决,无疑从源头上减少了产生和激化矛盾的可能。

调研时我们发现,无论是新昌,还是仙居,县委负责人都特别强调制度的"可操作性"。因此,无论是典章还是村务大事民决,都简便易行、可操作性极强。用蔡立君的话说就是:"目的就是管用。"然而,随之而来的问题是,许多村干部长期生活在农村,受文化程度、工作能力的影响,村干部能力素质还与实际要求存在差距。而且,"党员干部队伍制度存在问题、年龄老化、观念落后、后继乏力。"林杰说。与此同时,笔者发现,人口少、外出人口多的村并不适合典章的推行,"反而多了许多程序,更麻烦。适用性和必要性都不大"。梁永源认为还有一个问题:"如果有违反制度的村干部,处理时有一定难度,因为典章缺乏权威性。"追溯源头,作为农村基层民主法治建设核心内容的村民自治,始于 1988 年,是年,《村民委员会组织法》试行。

1998 年,《村民委员会组织法》试行 10 年后正式颁布实施,村民自治正式步入法制轨道。一般认为,村民自治有三项功能,一是稳定社会秩序,主要是通过村民自治来维护治安和调解纠纷;二是提供公共服务,即让村民自己的事情自己商量着办,来提高社区资源动员能力;三是抑制乡村组织的不良行为。在转型时期,没有来自村民的监督,乡村组织的行为就可能恶性发展。

中国社科院农村发展研究所研究员党国英认为,做好村民自治,首先要创造一个好的发展环境做好基础工作:产权改革要到位,现在农村公权力含金量太大;其次,乡村社会应该多元化,单一的自然经济对发展民主不利。他表示,专家强调的"选举程序的公正性"非常重要,并且要鼓励参与村委会选举的候选人竞争,得有竞争才行。多年来,村级各类组织权责不明晰、关系未理顺,始终是困扰农村基层组织工作的大问题，也是导致两委班子关系不协调的重要因素。“两委关系不协调，是村民自治最大的障碍。”党国英说。村支书或村主任个人权力过大、村两委权力“一边倒”的现象在村民自治中十分普遍。

据统计，新昌全县早先的400多个村，村两委关系比较协调的仅占三四成。仙居县722个行政村中，有将近20%的村两委关系不协调，有10%左右的村矛盾十分尖锐。以前村民有问题反映给村里后，通常是村主任、书记各自答复，互不通气。这无形中造成两委矛盾，有的甚至老死不相往来。因此，村民自治所面临的一个重要问题便是，村级党组织与村民委员会的关系问题。现行法制虽有规定，但二者之间权限缺乏明确而具体的划分。

专家认为，造成村级党组织与村民委员会关系问题的原因，大体有三方面。一是传统的基层党组织领导管理体制的影响；二是现行的相关法律制度对二者职能、权限的划分不明确、不规范；三是农村干部由于个人素质的原因不能正确处理二者之间的权限关系。

典章的新颖之处就在于，明确了村党支部是村级各种组织和各项工作的领导核心，村委会是在党支部领导下的由村民选举产生的群众性自治组织。从根本上解决了“谁大谁小”的问题，从而理顺了两委关系，也克服了党组织工作的被动性。

第三节　以法治村

一个个村庄，一个个社区，是全省基层民主法治建设的缩影。目前，全省90%以上的村庄制定了村民自治章程或村规民约等制度。[①] 2015年，浙江在全省全面推动村规民约、社区公约制订修订工作，到2015年年底，全省28000多个村、3200多个社区完成制订

---

① 沈吟、李爽：《我省“民主法治示范村”创建16年——和谐之花，绽放乡野》，《浙江日报》2014年11月13日。

修订工作。本次推动村规民约的制订修订工作，将指导基层剔除其原先不合法的内容，确保不和宪法、法律、法规相违背，不和党和国家的方针、政策相抵触，不得有侵犯公民人身权利、民主权利和合法财产权利的内容，在制订程序上要求广泛征求意见，经村（居）两委联系会议商议后，提交村（居）民会议或代表会议通过，并按规定上报备案。相关部门也加大指导力度，确保内容和程序合法，群众广泛参与制订，提高针对性和可操作性。近年来，衢州市、龙游县、桐乡市、宁波鄞州区等地已经先行先试，指导基层完善制订新村规民约、自治章程，成效明显：婚姻家庭邻里纠纷少了，居民之间的关系更和谐融洽、脏乱差面貌改变、一大批安全隐患得到整改。

一、村民自治的内涵

按照现行《中华人民共和国宪法》和《中华人民共和国村民委员会组织法》（以下简称《宪法》）和《村组法》）的规定，我国村民自治组织的核心是村民委员会。[①] 村民自治包含以下四个方面的基本要素：

（一）自治主体

村民自治是培养中国农民独立性、自主性意识的基本政治制度。在村民自治中，村民享有独立的法律主体地位。

首先，村民是自治机关的组织者。组织权是自治主体的基本权利，《村组法》第 11 条规定村委会成员由村民直接选举产生，第 12 条明确保障年满十八周岁村民的选举权和被选举权。此外，《村组法》还明确赋予了村民对村委会候选人的提名权和对不合格的村委会成员的罢免权[②]；第 17 条、第 21 条规定了村民对村民会议和村民代表会议的组织权。

① 参见《中华人民共和国村民委员会组织法》第 2 条：村民委员会是村民自我管理、自我教育、自我服务的基层群众性自治组织。

② 参见《中华人民共和国村民委员会组织法》第 14 条、第 16 条。

其次，村民是自治事务的决策者和管理者。《村组法》第 18 条第 2 款规定，当出现村委会不能或不愿召集村民会议，但村民又认为必须召开村民会议来讨论有关重大事项时，只要有 1/10 以上的村民提出建议，村委会就必须召集村民会议。《村组法》第 19 条、第 22 条则将涉及村民利益的所有重要事项，如制定自治规章、土地承包方案等，都以义务性条款的方式强制村民委员会必须提请村民会议讨论决定。

再次，村民是自治事务的监督者。《村组法》第 18 条规定村民有权对村民委员会的工作报告进行审议，对村民委员会成员进行评议，第 22 条规定村民对村务公开有查询权和监督权，村民委员会应当自觉接受查询并保证公布内容的真实性。对于村民提出的疑问和意见，村委会要及时予以答复。

最后，村民享有法律规定的受保障权。《村组法》第 15 条、第 22 条和第 28 条的规定，对村民的自治权利依法给予保障：明确规定了对侵害村民民主选举和民主监督的行为，县、乡级人大和政府及其主管部门有责任进行查处，地方各级人民代表大会和县级以上地方各级人民代表大会常务委员会对村民自治的实现负“保证”责任。

可见，尽管村民的自治权利在现实中主要以“户”、村民会议、村民代表会议或村民委员会的形式统一实现，但法律的规定表明村民自治的权利主体是村民而非其他。《村组法》的所有规定，本质上都是为保障村民自治权利的实现而设计，目的是帮助村民实现“自己治理自己”的目标。

（二）自治机关

村民自治必须由一定的机关具体实施。《宪法》和《村组法》明确规定村委会是农村的基层群众性自治组织，实际上村委会也仅仅是村民自治的一种组织形式，并非“村民自治组织”本身。目前，在我国的每一个行政村里，自治组织除了村委会以外，一般还配套设置了村治保会、村调解会、人口学校、村计划生育协会、村务公开民主管理工作小组、村民理财小组等农村“自治”团体。按照2006年《中国统计年鉴》的统计，截至2005年底，全国共有640,139个村民委员会。[①] 由此估算，现阶段我国各类村民自治组织接近600万个，且主要表现为以下三种类型：

第一种是权力机构，即村庄事务的决策机构，主要包括村民会议和村民代表会议。按照《村组法》第12条和第17条的规定，村民会议由本村18周岁以上的村民组成。村民会议是村委会体系中的议决机构，是村内的最高权力机构，其制定的规则和决定如不与国家法律法规、政策相冲突，在本村范围内具有普遍约束力，此外村民会议还享有对村委会的监督权、任免权和罢免权。[②] 村民代表会议由村民推选一定数量的代表组成，是村民的代议制机构和村民会议的特殊形式。按照《村组法》第21条的规定，村民代表由村民按5户至15户推选一名代表或各村民小组推选若干人组成村民代表会议。需要说明的是，村民代表会议并非村内的必设机关，法律规定只有那些人数较多或者居住分散的村，才可以由村民推选代表组成村民代表会议。相对村民会议，它只是派生的权力机构，其行使权力的活动要受到村民会议的监督和制约。

第二种是执行机构，即管理日常自治事务的工作机构，主要指村民委员会、下属村委会的调解会、治安会、村民小组等。村民委员会是村民自治的主要执行机构和常设机构。根据《村组法》第11条的规定，村委会成员包括主任、副主任和委员共3～7人，由村民直接选举产生，每届任期三年，可以连选连任。村民委员会是村级事务的直接管理者，负责“办理本村的公共事务和公益事业，调解民间纠纷，协助维护社会治安，向人民政府反映村民的意见、要求和提出建议”[③]。

按照《村组法》第25条的规定，村民委员会根据需要可下设人

---

① 国家统计局：《中国统计年鉴》，中国统计出版社2006年版，第3页。

② 参见《中华人民共和国村民委员会组织法》第18条、第19条、第20条。

③ 徐勇：《GOVERNANCE：治理的阐释》，《政治学研究》1997年第1期。

民调解、治安保卫、公共卫生等专门委员会。它们和村民小组一样，同属于村委会系统[①]，是村民开展群众性自治活动的基本单位。如村民小组主要负责召集小组会议和组织小组村民开展活动，办理本小组的日常事务，协助村民委员会办理村民自治事务并向其反映本组村民的意见、要求和建议；村计划生育协会主要负责宣传政府的计划生育政策，监督村民遵守计划生育政策，处罚违反政策的村民和奖励模范遵守政策的夫妻，并为婚育妇女提供卫生保健服务和帮助等。

第三种是临时组织机构。这些组织机构的设立具有临时性，是为协助村委会对村庄特定事务进行管理而专门组建的自治组织，包括村民民主监督理财小组、村务公开小组等。

上述自治机关的组建基本来自于《宪法》《村组法》等法律法规和规章的授权。这些组织一般是在国家政权力量的推导下发展起来的，受到地方党政部门的认可和鼓励，很多甚至是按照地方政府与主管职能部门的统一要求而设立的，因而具有一定的"官方"色彩，它们既是村庄事务的自治者，也是农村社会的管理者，在职能性质上体现了"自治型治理"的双重色彩。

（三）自治的内容

在西方国家，自治是主体的一种"自我治理"，包括"自我"和"自主"权利的实现。村民自治作为中国农村民主政治的基本制度，其核心内容是由权利组成的，并由村民自治组织代表村民统一行使。因此，对村民自治组织而言，自治的内容就包括了自治权利和自治责任。

一是自治权利。由于自治机关的职能双重性，村民自治组织的权利对外表现为"依法自治"和"不受非法干扰"；对内表现为自治组织以自己的名义独立实施自我管理。（1）权力机构享有的自治权。村民会议和村民代表会议作为村民自治组织的核心机关，

---

① 参见《中华人民共和国村民委员会组织法》第 10 条。

基本上享有自治组织的所有重大权利，主要包括规则制定权、重大事项的决策权和监督审查权等。它有权根据国家的法律讨论、制定、修改和通过本村民主自治的基本规则，如村民自治章程与村规民约，审议和通过村的经济和社会发展规划、年度工作计划并做出相应决议。它有权通过一定的方式组建自治机关和处理组织事务，如选举、罢免、撤换和补选村民委员会成员等。它有权对涉及全体村民利益的重大问题，如村集体经济上缴的收益和农村土地的发包等做出决定。《中华人民共和国农村土地承包法》第 48 条规定："发包方将农村土地发包给本集体经济组织以外的单位或者个人承包，应当事先经本集体经济组织成员的村民会议三分之二以上成员或者三分之二以上村民代表的同意，并报乡（镇）人民政府批准。"村民会议和村民代表会议有权对村级选举、村级财务、村务公开和村民自治机构与成员进行监督，对村民委员会不适当的决议和决定进行修改和否决。（2）执行机构享有的自治权。依据《村组法》和《农村土地承包法》的相关规定，村民委员会是农村经济事务、公共事务的管理者，负责执行村民自治规章、村民会议或村民代表会议的决定，并对村级一般自治事务行使管理权，包括保障和维护农村的双层经营体制，维护承包方的土地承包经营权，为承包方提供生产、技术、信息等服务，承担本村生产的服务和协调工作①，办理本村的公共事务和公共事业，调解民间纠纷，开展生产互助，协助维护社会治安，教育村民合理利用自然资源，加强农田水利基础设施建设，向人民政府反映村民的意见、要求和提出建议等。（3）临时组织机构享有的自治权。临时机构的组建主要是为

---

① 参见《中华人民共和国村民委员会组织法》第 4 条、第 5 条，《中华人民共和国农村土地承包法》第 14 条。另外，根据家庭联产承包责任制的要求，村民自治组织还是土地等集体财产的所有者代表，负责统分结合双层经营体制中集体层次的经营管理；经营管理集体所有的土地、山林、农业设施、企业、房产等资产，以所有者代表身份组织土地承包并获取土地承包收益；确定集体收益的用途；组织农民从事某些农业基本建设，为承包户提供农业社会化生产所需要的产前、产中、产后服务等。

了实现对村民自治特殊事项的管理和执行，如村民委员会的选举和村级财务的清理等。需要说明的是，这些临时组织机构虽然只是特定情形下特定工作的具体执行者，但也是自治主体的权利代表者，在这一点上它与自治权力机构和自治执行机构并无本质差别。

二是自治责任。村民自治组织的责任也可分为两种：一种是村民自治组织作为村民自治权的实施机关，在面对自治权的真正主体村民时所应尽的责任，主要包括保障和维护村民自主、自治权利的实现。第二种是作为农村社会的治理组织，在“乡政村治”的体制安排下，村民自治组织还承担对农村实施治理、维护农村安全、促进农村发展的政治责任。所以其自治权的行使必须遵守国家法律法规和政策规定，必须符合社会的发展规划，必须在工作上接受乡镇政府的指导并协助乡镇政府开展审批宅基地、征兵、优抚、执行计划生育政策等工作。金太军认为村民委员会的职权也大致可以分为两类：一类是自治权的职权，如负责农村公共事务和公共事业，调解民间纠纷，维护社会治安，开展文化活动，管理和维护村里集体所有的土地及财产，服务与协调经济活动，保护和改善环境等。另一类是协助乡镇政府履行行政的职权，如推动和促进农民履行纳税、义务教育、计划生育、农产品定购合同等。①

（四）自治程序

在民主选举、民主决策、民主管理和民主监督“四个民主”的制度安排下，村民自治的基本流程可以概括为以下四个步骤：

第一，通过民主选举程序产生村民自治机关。首先由本村18周岁以上村民组成村民会议或由本村2/3以上农户的代表组成村民代表会议，再由村民会议或村民代表会议选举或村民小组推荐产生村民选举委员会，由村民选举委员会主持村委会选举，村民通过民主投票选举出村民委员会。

---

①　金太军：《乡村关系与村民自治》，广东人民出版社2002年版，第185页。

第二，通过民主决策程序对村民自治事务做出决策。村委会选举产生后，村民会议和村民代表会议作为村民自治的权力机关继续存在，并以会议形式对村庄年度重大事项做出决定，交付村委会执行。当然，民主决策也包括村委会内部成员在充分讨论和征询村民意见前提下对其权限范围内的事项做出具体决定。目前来看，民主决策程序主要包括村民会议（或村民代表会议）和村民委员会的民主议事程序等。

第三，通过民主管理程序对村庄事务的自我管理。村民委员会选举产生后，依法成为村民自治的主要执行机关，负责村庄事务的管理和执行。村民委员会不仅要对村庄决策制定各种具体可行的实施办法和操作规划，而且必须发动群众积极参加到村庄事务的管理和运作中，以保障村民自治权利的实现。在民主管理过程中，目前的核心程序包括“建章治村”程序、村务公开程序和村级民主理财等。

第四，通过民主监督程序保障村民的自治权利。权力天然具有扩张性和侵害性，实践中也常常出现村民自治组织违反自治规定甚至侵害村民自治权益的现象，因此对村民自治组织的监督非常必要。《村组法》通过对民主选举、民主决策和民主管理过程的监督性规定，把村民自治的整个民主运作体系都纳入村民和地方人大、政府与主管部门的监督之下。所以，从严格意义上讲，民主监督不是一个完全独立的阶段性程序，它贯穿于村民自治的整个流程之中，以保障农民的自治权利为目的，对自治机关的组建、自治事务的决策和村庄自治的管理进行全程监控，比较典型的有村委会的罢免程序、对村级财务的清理程序、对村务公开的监督程序等等。

（五）自治规则

自治规则是自治主体在自治权限范围内制定的自我约束性规则。按照《村组法》的规定，村民自治规则主要有村规民约和村民自治章程两种形式。

一是村规民约。传统的村规民约以宗法礼教为指导，以劝善惩恶、协调社区关系、稳固乡村社会秩序为目的，由乡民自行制定或自愿接受，共同遵守。但受宗族文化的影响，传统村规民约有一些明显与现代民主和法治精神相违背的内容。如云南省金平县营盘乡丫口村在20世纪50年代的寨规中，就规定了“偷牛盗马的割一只耳，偷瓜偷菜的砍手指一个”。现代村规民约则吸纳了很多法律和政策的规定，无论在体例还是内容上，都呈现出一种向国家法学习和靠拢的趋势，如很多村规民约采用了标准的章节、条款式结构，绝大多数村都将计划生育和禁毒禁赌等问题规定在村规民约之中。云南省金平孟勐拉乡新勐村2000年的村规民约就包括了总则、违反村规民约行为和处罚、处罚与执行、附则四大章，内容涉及村寨生活的各个方面，包括封山育林、按时交粮纳税、服兵役、计划生育、提倡“五爱”和“五好家庭”以及不得干扰村干部和国家工作人员依法执行公务等。因此，有学者认为现代村规民约的发展有“形式理性化”“权威制度化”“乡土性和现代性相融合”三大特征。[①] 村规民约在维护农村社会的生产秩序和公共秩序，推动农民积极履行法律义务，开展社会主义精神文明建设和保障社会治安等方面发挥着国家正式规范不可替代的作用。

二是自治章程。村民自治章程是以调整村民与村民、村民与农村自治组织或其他组织的关系，规范村庄行为方式为目的，由村民会议或村民代表会议制定通过，对村民自治组织成员产生普遍约束力，并且未经一定程序不得撤销和变更的村庄内部的权利义务规范。本质上，它是村规民约的一种表现形式。

与一般的村规民约相比，村民自治章程具有较强的规范性、全面性和系统性，是比较权威的村庄自治典章。依据当前的观察，目前村民自治章程规定的内容，一般涵盖了村民自治组织的产生、村民的权利与义务、国家政令和任务的完成以及村庄经济管理与秩

① 田成有、欧剑菲：《少数民族地区村规民约的变迁与调适》，载谢晖：《民间法》第三卷，山东人民出版社2004年版，第288页。

序维护等方方面面的内容；其结构可分为总则、分则、附则，一般按照章、节、条款的形式排列，俨然一部治村的“小宪法”。但它不是法律，也不归属于“民间法”和“习惯法”。[①] 因为习惯法作为一种约定俗成的规范，不会被写在纸上，也不会被宣布，而是深深地印在自觉遵守它的人群的心中；而民间法作为在一定地域范围内的熟人社会中形成的“地方知识”，实质上是风俗法和文化法，其影响范围，远远不只限于一个村庄。村民自治章程显然不具有“法”的本质特征，它只是农村社区的一定范围内的村民自治规则，相当于一个集体合同规范。

但无可否认，作为农村的社会自治规则，村民自治规则发挥着国家正式制度无法取代的作用。首先，尽管今天的村民自治规则较多体现了国家行政管理的意志，但自治章程充分尊重了每个村庄的差异性，有益于引导乡村秩序更好地走向和谐。其次，作为一种民间契约规范，在自由意志范围内，村民自治规则具有法律所不具有的宽广度，它可以涉及村庄生活的各个方面，包括受道德规范却在法律范围之外的领域。

二、村民自治的实践

宁波宁海县是我国东南沿海经济较发达的县，有 18 个乡镇（街道），63 万人口，是全国百强县之一。2014 年 2 月，宁海县制定实施《宁海县村级权力清单三十六条》（以下简称 36 条），通过全面梳理村级组织和村干部权力事项，绘制村级权力运行流程图，配套出台《宁海县农村干部违反廉洁履行职责若干规定责任追究办法（试行）》等系列制度，切实把村干部权力“关进笼子”，有效促进了农村基层民主法治建设。

2014 年 2 月，宁海县在 7 个乡镇（街道）试点进行村级权力清

---

① 习惯法“在相当一部分地区已经确定”，并且“被人们所公认”，“被视为具有法律约束力”。参见［英］戴维·M.沃克：《牛津法律大辞典》，北京社会与科技发展研究所译，光明日报出版社 1988 年版，第 236 页。

单工作，同年4月，在总结试点经验基础上，这项工作在全县427个行政村和撤村建居经济合作社推行。

一是梳理村干部权力边界，建立村级权力清单。过去，村务工作相关制度散落在各类文件中，干部不清楚，群众不明白。2014年2月初，县纪委统筹协调县组织部、政法委、法制办、公安局、民政局、农林局等20多个涉农部门，深入农村基层第一线，通过访谈上千名群众，开了上百次会议，广泛听取干部群众意见建议，收集和汇总了村级组织和村干部权力事项60余项，其中涉及村级集体管理40余项，便民服务20余项。在此基础上，本着简政放权、便民利民的原则，通过几上几下、上下联动的反复酝酿和协商，梳理出村级事务权力清单，汇编出台了《宁海县村级权力清单三十六条》，固化了村干部在村级重大事项决策、项目招投标管理、资产资源处置等集体管理事务19条，村民宅基地审批、计划生育审核、困难补助申请、土地征用款分配以及村民使用村级印章等便民服务事项17条，基本实现村干部权力内容的全覆盖。运行一年多来，没有发现超出36条范围的事项。

二是绘制权力运行流程，编织小微权力笼子。围绕36项需要重点规范的村级权力事项，按照工作步骤设置每项事务的操作环节，绘制下发具体权力行使的流程图45张，明确每项村级权力事项的名称、具体实施的责任主体、权力事项的来由依据、权力运行的操作流程、运行过程的公开公示、违反规定的责任追究等6个方面内容，确保村级权力运行"一切工作有程序，一切程序有控制，一切控制有规范，一切规范有依据"。在绘制流程图设置工作环节时，坚持务实、管用、简便的原则，尽可能地简化操作程序，除了大中型工程招投标等重大事项以外，绝大部分的村级事务工作流程都控制在5个环节左右。尤其是涉及为民服务的权力事项，让村干部知道依法能做哪些、怎么做，同时要求做到一次性告知、限时答复、按时办结，群众清清楚楚明白办事的程序、需要提供的资料、具体找什么人办、什么时候办好，防止村干部推诿扯皮，提高服务效率和群众满意度。

据统计,36 条实施以来,全县涉及农村干部廉洁自律方面的初信初访同比下降 80%以上,干群关系更趋和谐,农村社会更趋稳定。对此做法,中央办公厅刊发专报送给中央领导,在全国党建工作会议上交流了经验,浙江省委副书记王辉忠,省委常委、宁波市委书记刘奇,浙江省副省长王旭明等多位省市领导批示肯定;新华社、中央电视台一套《新闻联播》、中央电视台《新闻调查》栏目、中央电视台《新闻直播间》栏目、《求是》、《人民日报》、《中国青年报》、《光明日报》、《中国纪检监察报》、澎湃新闻网、《解放日报》、《浙江日报》、浙江卫视新闻联播等市级以上媒体宣传报道 90 余次,其中,中央电视台新闻联播在报道习近平总书记和李克强总理活动之后,以 3 分 46 秒的时长播出宁海 36 条,《中国青年报》《浙江日报》《浙江新闻联播 2015》等媒体都以头条方式报道宁海 36 条,在社会上引起了强烈反响。至今年 4 月底,全国近 20 个省(市)120 余家兄弟县(市区)单位来宁海考察交流。宁波市委还在宁海召开了全市推进农村小微权力规范化工作现场会。可以说,短短一年时间,36 条的影响已经遍及全国,成效亦初步显现,具体有以下几方面:

第一,打通了公共政策下村的"最后一公里"。形象地讲,36 条就是涉农惠农公共政策的官方的简易译本,把各级政策法规汇缩成简单易行的 36 条。老百姓不仅一看就懂,反过来还可以监督村干部有没有将上级的精神"翻译"错误,打通了政策下村的"最后一公里"。与此同时,36 条将国家政策规定梳理得清清楚楚,让乡镇干部对村务运行的指导和监督更加有法可依、有章可循,也让联村干部联系服务群众有事可干、有岗可为、有劲出力,从根本上实现了党对村级管理由粗放式的松散管理向规范化精细管理的转变,使党对农村的领导更加有力。

第二,农村干部用权更加规范。36 条涵盖了群众关注的各种事项和村务工作的全套流程。对于新上任的村干部来说,36 条就像"老师傅",可以按 36 条"按图索骥"办理村务,不会好心办坏事。更重要的是,36 条为小微权力运行设立了"交通规则",村干部再不能不作为、乱作为，农村政治生态不断净化。同时，36 条也是“护身符”，保护了村干部，让村干部从传统的人情社会里解脱出来，依法依规开展工作。

第三，基层群众办事更加便捷。36 条对群众办事需要提供什么资料、具体找什么人办写得明明白白。群众只要按照规定，一次性提供相关资料，剩下的就是村干部的事了，避免了办事群众“来回跑”。而且，群众可以对照流程图，直观明了地知晓事务办理的具体步骤、时间期限，并享有一次性告知、限时答复、按时办结等权利，知情权和监督权得到了有效保障。

第四，村监会监督履职更加有序。36 条对哪些村务事项需要监督，怎么监督规定得清清楚楚，给村务监督指明了方向，也给村监会全面主动地监督履职“撑起了腰杆”，即便是文化程度不高的村务监督员也能“看图说话”、对照操作，全面提高了村监会履职能力，实现了村级权力运行的全面监督、全程监督、全员监督的制度设想，克服了以前事后被动监督的弊端。

第五，农村干群关系更加和谐。36 条让村里大小事务都在阳光下运作，避免了群众对村干部的无端猜疑和误解、村干部之间的“权力分赃”问题，真正实现了“让群众明白，还干部清白”，大大夯实了干部之间的团结共事、干群之间的互信基础。2014 年，全县农村 28530 名困难党员和困难群众、8410 名低保户对象都按 36 条要求申报审核、全程公示，至今没有受到 1 例投诉。

宁海 36 条的实践是村一级反腐败体制机制的改革与创新，是实现依法治国的村级样本。它通过科学合理分置村级决策权、执行权、监督权，打通了公共政策在农村落实的“最后一公里”，为实现基层治理现代化树立了典范。

其一，率先铲除了村干部滋生腐败的土壤，彻底改变了农村基层政治生态。过去治理农村基层腐败，往往侧重于对村干部的教育、惩处，强调对村干部违纪的严惩，较少从以制度制约权力，遏制腐败产生源头角度去思考解决问题的办法。实际上，村干部授权有余、限权不足，这是农村治理大量问题的症结所在。而村级权力清单改革，则是通过规范村级权力、确权与限权，分置决策权、执行权、监督权，发挥了村监会的独立监督职能，为村级权力行使、村务工作运行，建立了“轨道”和“红绿灯”，消除了村干部以权谋私的制度漏洞，为抑制基层腐败提供了一整套制度保障。

其二，率先突破了村级选举民主到治理民主的制度转变，彻底改变了农村普遍存在的半拉子民主现象，真正保障了村民委员会组织法在农村的贯彻落实。36 条将村级组织和村干部权力纳入流程化、规范化轨道，通过“五议决策法”（即村党组织提议、两委会商议、党员会议审议、村民代表会议决议、两委会实施决议），以及“村务公开”等方式，把村级决策权、执行权、监督权交到村民会议授权的村民代表手中，并就决策后如何执行、监督制定了程序化、标准化、规范化制度，这在全国还是首次。在制度上落实了村级选举后民主决策、民主管理、民主监督权利，将农村基层民主由原有的选举民主扩展到治理民主，真正实现了还权于民和权为民所用。其他地方如民主恳谈会、四议两公开等村级民主制度，虽然搭建了群众民主议事的平台，但这类平台往往侧重村内某一方面的事务；而 36 条是在借鉴全国各地经验的基础上，将村级所有公共事项和服务事项进行整合，搭建了民主议事平台，制定了权力运行规则，这在全国还是首例。

其三，率先实现了国家治理和村民自治的对接，彻底打通了公共政策下村的“最后一公里”。上级政府的资金和政策如何能够高效地顺利进村是中国两千年历史一直想解决的问题。36 条把各项政策条目化，简便易操作，搭建了决策、监督、执行协调一致且相互制约的平台使各种政策在阳光下运行，解决了中央集权体制下公共政策进村入户问题，这在中国历史上是第一次。十八届三中全会提出了实现国家治理体系和治理能力现代化的改革总目标，新一轮政体改革，核心就在于限制权力，把权力关进制度的笼子。为此，各级政府全力推行政府权力清单制度。对于掌握一定公权力的村级组织和村干部，同样需要清理、晒出、制约其权力，让延伸到老百姓中间的权力受到制约和监督。而 36 条正是对村干部的权力进行全面梳理和严格规范，这在全国来说都是有重要意义的，因为在 2014 年 2 月之前，全国尚无针对村干部的权力清单。

三、村民"以制行权"

改革开放以来，随着国家"三农"战略部署和支农惠农政策不断出台，农村经济社会总体上呈现欣欣向荣的局面。但与此同时，"'村官'巨腐""小官大贪"等发生在群众身边的不正之风和腐败问题屡见报端，个别村干部以权谋私，严重侵害群众利益，一些地方村干部之间争夺利益，老百姓民主决策、民主管理、民主监督的权利得不到保障，农村政治生态恶化，群众上访数量不断增长，党委政府威信下降……

习近平总书记多次要求，要让人民监督权力，让权力在阳光下运行，把权力关进制度的笼子里。十八届四中全会明确提出依法治国是治国理政的基本方式。而实现依法治国，重点在基层，难点也在基层。郡县治，天下安；乡村稳，基础牢。让依法治国落脚到农村，遏制村干部违规用权，让村务工作规范有序运行，真正实现农村治理法治化，也是摆在我们面前的重要课题。

正是在这样的背景下，浙江省从深化村务监督委员会工作、加强村级权力运行监督出发，探索推行村级权力清单制度。从以制度制约权力，遏制村干部腐败产生的体制机制入手，通过科学确权、阳光晒权、规范用权、严格控权，切实把村务权力关进笼子，从制度上保障群众的参与权、决策权、管理权、监督权，推动构建农村小微权力规范体系运行。

制订完善村规民约是一项政策、法律、程序等方面均要求严格的系统工作，衢州江山市将制订完善村规民约工作作为一次法制宣传教育的过程，作为一次规范民主自治的过程，截至 2014 年 9 月，江山市已有 137 个行政村完成了村规民约修订，完成率 58%以上，取得了较好的成效。

一是农民法律意识得到增强。村规民约手册进入到农村千家万户，拓宽了普法宣传的渠道，较好地解决了农民普法针对性不强和效果不好的问题，广大村民、村干部学法、守法、用法的积极性和主动性普遍提高。通过学习、宣传村规民约，村民的是非观念不断增强，农村的民间纠纷、治安案件得到有效预防，有利于农村的社会稳定。

二是农村村务管理得到规范。村规民约对农村生活、邻里家庭、社会治安、公共道德等方面的行为和责任分别做出了明确规定，填补了法律法规空白，在维护社会稳定、促进社会和谐方面发挥了积极作用。随着村规民约的实施，农村中的管理难点，如村民不自觉履行与村、组集体签订的各类承包合同中规定的义务，育龄妇女未按时参加环孕检，违反殡葬法规等村务管理中容易引发矛盾纠纷、影响干群关系的问题，得到了较好的解决。

三是农村社会稳定明显好转。村规民约对村民在生产生活、邻里家庭、社会治安、平安建设、公共道德方面的行为和责任分别做出了明确规定，填补了法律、行政处罚不能涉及的空白，在维护稳定中发挥了“第一道网”的作用。通过学习、宣传村规民约，村民的是非观念不断增强，农村的民间纠纷、治安案件得到有效预防，安全稳定形势明显好转。

四是村级民主管理水平得到提高。围绕如何更好地执行村规民约，制定了“守约承诺制度”，以承诺书的形式来保证实施，农户代表在承诺书上签字承诺自愿遵守，村民之间相互承诺，从而使广大村民、村干部对村规民约的约束力有了更深的认识。同时，随着村民法律意识的不断提高，对村干部监督的力度越来越大，村干部只有坚持民主管理、依法管理，才能得到村民的认同，才能推动各项工作的落实。

五是村务管理的难点问题能得到有效解决。村民不自觉履行与村、组集体签订的各类承包合同中规定的义务；育龄妇女未按时参加环孕检；违反殡葬法规，遗体火化后骨灰乱葬滥埋或造大坟、树大碑等一直是影响全市农村村务管理、容易引发矛盾纠纷、影响干群关系的问题。多年以来，由于没有规范的操作性强的措施来解决，以上问题一直没有得到有效解决。随着村规民约的制订和完善，以上问题得到了较好的解决。

衢州的浦山村有村民 1170 人，10 多年前还是詹家镇既穷又乱的“老大难村”。如今，通过土地流转，村民人均收入大幅提高。干净整洁的水泥路旁，一面面文化墙展现着地方民俗；家家户户种上心仪的花草，美化庭院，村容村貌大为改观。没有规矩，不成方圆，这一切变化，离不开村里的村规民约。“过去治村很大程度上靠‘人治’，而现在我们有了真正的‘法宝’。”雷土荣记得，10 多年前，他当选为村委会主任时，寻遍村委会办公室，终于在角落里发现一本布满灰尘与蜘蛛网的村规民约。这一场景，深深刺痛了雷土荣的心。“一定要擦亮尘封的村规，让村庄管理有章可循”，从此，这一承诺被他付之于行动，改变了村子的面貌。

2014 年 6 月底，在县司法局的帮助下，浦山村新版村规民约在村民代表会议上获得全票通过。这部共 2000 多字，包括公德民俗、生态家园、平安建设、民主管理等 9 章 53 条的村规民约，与时俱进地融入“五水共治”“三改一拆”“平安创建”等内容。“村民必须遵守一户一宅的规定。”“涉及村民利益的事项，应经由村民代表大会或村民大会表决通过。”“垃圾实行源头分类、减量处理、定时定点投放。”……村民雷石林说：“新村规民约的小册子分发到每户人家，宣传栏里也有。只要人人都认真照着做，我们村子一定会越变越好。”

一项项因地制宜、因时制宜的村规民约条款，凝聚了人心，成为浦山村村民自我管理、自我服务的行为准则。村民响应号召，拆除生猪养殖场面积 7600 多平方米、违章建筑 1200 多平方米；自觉分类垃圾，再送到垃圾投放点。近年来，村里也未发生过一起越级上访或刑事案件……

不让村规民约成为一纸空文，执行是关键。对于违规者，浦山村还通过数字电视曝光、批评，保证村规民约的约束力。如今，邻里和睦、团结互助、遵纪守法、朴实勤劳的民风，在浦山村已然形成。

台州的南鉴村在以法治村方面实现了规范化和制度化。2004

年12月22日,《南鉴村民主法治章程》几经村民代表修改后进入投票表决的最后阶段,一位村民代表在投票前为投票者介绍投票方法。浙江温岭市南鉴村经过多年的实践,在现行的法律框架内对村务运作机制予以规范、明确和细化,制定了《南鉴村民主法治章程》,该章程包括三个部分:一、村委会决策前的民主恳谈制度,即在村委会决策前要召开全体村民参加的民主恳谈会,征求村民的意见;二、决策时的村民代表大会制度,在大会上,村民代表对村委会的决策提出修改意见并投票表决;三、决策后的村务监督制度("村纪委"制度)及决策失误的惩罚制度,即村民通过选举成立独立于村两委的"村纪委","村纪委"对村委会常务工作进行监督,查处其工作过错和决策失误,必要时可以对其提出法律诉讼。经过5年的实践,南鉴村由原来的"上访村"演变为现在的"民主村"和"小康村"。目前,《南鉴村民主法治章程》已经在村民代表大会上正式通过施行。

湖州市2012年7月18日出台了《关于深入推进"民主法治村(社区)"创建进一步加强基层民主法治建设的意见》,《意见》提出:建立健全岗位责任、村务联席会议、财务管理、决策责任追究、印章使用管理等各项制度。依法制定和修改村民自治章程、村规民约,经法律顾问审核,村民会议讨论通过后,印发到户,使之成为村民自治的基本准则。

第三章　看菜吃饭,量体裁衣——高效的基层法治实施

中共十八届四中全会明确提出:形成完备的法律规范体系、高效的法治实施体系、严密的法治监督体系、有力的法治保障体系。①高效的基层法治实施是推进基层民主法治建设的核心。古人云,“徒法不足以自行”,法律如果不能得到正确执行和有效实施,就如同一张废纸,毫无意义。

第一节　四张清单一张网

一、权力清单与试点

党的十八届三中全会以来,浙江省围绕推进政府治理现代化,统筹推进“四张清单一张网”建设,即厘清行政权力清单、推行政府责任清单、实施企业投资负面清单、推行专项资金管理清单,打造浙江政务服务网,各项改革均走在全国前列。

2013 年 11 月,浙江率先启动职权清理。按照统一行政权力分类标准,省市县分级负责,按照省级部门、富阳试点、全省市县点线面梯次推进的方法进行,坚持简政放权一条主线,抓好清权、减权、制权三个环节。经过半年多的攻坚克难,省级部门行政权力由原先的 1.23 万项缩减至 4236 项,减少了三分之二的权力事项。

2015 年 1 月,浙江省政府首先在富阳市开展试点。3 月,富阳

① 《中共中央关于全面推进依法治国若干重大问题的决定》,《人民日报》2014 年 10 月 29 日第 1 版。

市正式公布了全国首份县级权力清单。清单显示，富阳行政权力已经从2008年的7800多项削减到4825项，削减幅度达38.1%；常用行政权力从2500多项削减到1474项，削减幅度达41%。

精简后的权力都是“常用权力”，是与群众利益联系密切、社会关注度高的权力。富阳市委书记姜军说，权力细化后，既方便百姓知晓政府有哪些权力，又可以有重点地加强对权力的管理。

据我们了解，在编制权力清单的基础上，富阳还同时编制了部门“职责清单”，共梳理出38个部门的790条主要职责，划清了权力边界，明确了部门应该承担的责任，减少了百姓投诉无门的现象。

如今，打开富阳“网上政务大厅”，首先映入眼帘的便是那份清晰的“权力清单”。点开交通局下的“客运经营许可”，不过几秒钟，页面就详细显示了办理部门、收费金额、联系电话、办理时间等信息；继续点击“办理流程”，申请材料、审查日期、审批流程等信息出现。一张清晰的流程图便铺展开来。

二、试点推广与成效

富阳试点取得成功以后，2015年3月，浙江在全省范围内推行了政府权力清单制度。6月25日，浙江政务服务网上线，全省42个省级部门权力清单上的4236项行政权力首次在网上公布。至此，浙江成为全国首个在网上完整晒出省级部门权力清单的省份。

浙江列出的权力清单，共涉及42个部门，精简后保留下来的行政权力包括省级部门直接行使的权力1973项、全部委托下放和实行市县属地管理的权力2255项、省级有关部门共性权力8项。

此次浙江权力清单制度建设，最为关键的环节就是“减权”。浙江将直接面向基层、量大面广的经济社会管理事项下放到基层；对于行政许可、行政处罚及备案、年检等行政权力，除规定应由省级部门行使外，一般也都下放至市县政府主管部门。

按照凡是市场能有效调节的就交给市场，凡是社会能有效治理的就交给社会，凡是基层能自我管理的就交给基层的原则，浙江省人力资源和社会保障厅将人才中介市场的审批、技能人才评价等权力下放到基层，并取消了人才交流会等项目的审批；浙江省公安厅将超过一半以上的行政许可事项下放到市级公安机关，方便群众就近办理；浙江省环保厅计划进一步下放环评审批权限，累计约有95.45%的产业项目划归所在设区市、县级市（区、县）属地管理。同时，浙江省政府以建成“四张清单一张网”为抓手，进一步推进简政放权，释放市场活力。其中的“企业投资项目负面清单”列出禁止和限制企业进入的投资领域，而对于清单之外的企业投资，政府一律不再审批。

目前，浙江建成的“四张清单一张网”运行成效明显，网上全面公开“四张清单”，并同时公开省市县三级政府3300多个部门的所有审批事项，实现了40多个省级部门668项行政审批事项的“一站式”办理，给群众带来极大便利。浙江省省长李强指出，“四张清单”是政府的履职清单，通过一张网把清单晒出来，接受社会监督，倒逼政府加快自身改革。今后，浙江将继续以“四张清单一张网”建设为总抓手，进一步深化其他方面改革，形成依法确权的权力设定机制、公开规范的权力运行机制、科学有效的权力制约机制、追溯严明的行政问责机制，进一步打造法治政务环境。

第二节　群众纠纷群众解

“小事不出楼道，大事不出社区，矛盾不上交，纠纷不激化。”社区是一个社会不可或缺的基本单元，当前，在公共服务职能延伸到社区的同时，基层矛盾逐渐在社区聚集，社区已成为群众传达诉求最基层也是最直接的组织。

一、邻里值班室

杭州市上城区上羊市街社区的经验是——多亏了“邻里值班室”，截至目前，这个居民自发组织共协商解决社区居民大小事件1500余件，其中，由党员参与的协商事件占到了80%以上。

2009年3月，社区党委发动党员群众自发成立了“邻里值班室”。以300户为基数，由居民小组长、退休人员自管组长、热心居民代表、党员及其志愿者等组成，设立4人一组的值班点12个，每人轮到一个季度总值班，其余3人为值班助理，依次轮换，开展楼道内自治管理。截至目前，共有48户家庭加入到“邻里值班室”值班组员队伍当中。

管理内容不少，不仅包括帮助调解邻里纠纷、化解家庭内部矛盾、组织楼道活动等常规事务，还包括了帮忙接送小孩、代养宠物、浇花收衣等日常生活小事的处理，甚至有居民把家中钥匙存放在值班室，以便家中有紧急事务时可以及时通知值班员处理。

同时，“邻里值班室”还担当起对社区党委、居委会的日常监督等责任，定期参与社区公共事务决策，跟踪督促社区居委会对居民意见的落实和回复；接待居民来访，听取居民意见、需求，并登记好值班日志，向社区提交居民提出的合理要求，并及时向居民反馈办理情况。

成立至今，“邻里值班室”共协商解决社区居民大小事件1500余件，其中，由党员参与的协商事件占到了80%以上。此外，每季度开展一次通报会，月度还有例会，充分保障了居民的知情权和质询权。它将社区服务站点向各居民楼道延伸，使服务职能更便捷、更优质。

社区里的事，家长里短，一地鸡毛，但每件都关乎民生。你看，鼓楼花园、云雀苑的煤气管道安装喊了好多年，一直就没通上气；金狮苑小区里，楼道灯总也不亮，电线也杂乱外挂；还有居民反映楼上装修房子，吵得没法正常生活……

群众利益无小事，如何围绕居民关心的热点、难点和焦点问题，把各类社会矛盾化解在基层和萌芽状态，是“邻里值班室”的主要工作。煤气不通，“邻里值班室”把居民代表、煤气公司、物业公司都喊来了，多次协商，最终完成了两个小区的煤气安装，解决了居民多年的生活难题。楼道灯不亮，怎么从根本上解决，“邻里值班室”想得挺深刻——

一直以来，大家对社区公共事务态度有些被动，都是“要我参与”，而“邻里值班室”的成立激发了居民参与社区事务的主动性和积极性，大家纷纷“我要参与”，尤其是在参与社区公共事务的决策、处理中，居民的民主技术和效能得到了提高，居民民主权利和意识得到了体现和提高，民主的价值与原则在基层民主中愈趋稳定，成为建设民主法治社区的大平台。

比如云雀苑庭改工程，普通居民对于庭改工程内容的不理解，导致工程始终无法顺利进行。“邻里值班室”联合社区召集云雀苑部分居民代表、庭改办等，多次召开听证会，对庭改工程的基本内容进行详细解释，并听取居民代表意见。此举对该工程的顺利实施起到至关重要的作用。楼上装修太吵，“邻里值班室”也讲究方式方法，以人为本、以情劝导、以理服人，多次上门耐心调解后，终于说服了楼上居民，在规定时间进行装修，有效解决了矛盾纠纷。

仅 2010 年，值班员出面调解、化解居民纠纷矛盾 250 余起，解决率达 96%，“邻里值班室”成立后，到社区要求调解的纠纷矛盾明显减少。

二、社会工作法

“俞复玲 365 社区服务工作法”是用江东区百丈街道划船社区党委书记俞复玲的名字命名的社区服务工作法。“俞复玲 365 社区服务工作法”中的“三联”指的是社工联勤、党员联动、志愿联盟；“六服务”指的是区域党建服务、综合便民服务、智慧信息服务、社会公益服务、特色精细服务、共享文化服务；“五机制”指民情收集机制、民情分析机制、民情处置机制、民情反馈机制、民情评议机制。该社会工作服务法将在全省推广。

今年 53 岁的俞复玲从事社区工作 12 年来，带领社工团队和社区党员群众，秉承“有事来找我”的理念，倡导“最好的服务是最好的管理”，把一个基础设施差、特殊群体多、管理难度大的老社区打造成了管理有序、服务完善、文明祥和、和谐融洽的幸福家园，该社区先后获得全国文明单位、全国文明社区、全国和谐社区建设示范社区、全国创先争优基层党组织等荣誉。她个人也获得“全国优秀党务工作者”等称号，去年还光荣地当选为党的十八大代表，参加了党的十八大。

宁波市海曙区江厦街道新街社区运用社会救助社会工作方法化解矛盾和危机，推动居民沟通协商。社会救助社会工作主要是运用社会工作的专业理论、方法和技能，帮助暂时有困难的社会成员在获得物质方面社会救助的同时，得到精神方面的慰藉和社会功能的恢复，逐步减轻生活压力和摆脱生活困境，适应和谐的社会生活。具体职责：一是认真贯彻党和政府有关社会救助问题的方针、政策和法律、法规，示范带动社区社会工作的开展，努力维护他们的合法权益。二是做好个案服务与转介工作，解决暂时因贫困引起的心理及情绪方面的问题。三是通过多种形式的帮扶，加强救助对象的思想教育和社会救助政策宣传，力所能及地帮助解决一些实际困难。四是通过策划、组织有针对性的活动，增进服务对象群体之间的交流，互帮互助。五是鼓励救助对象参与力所能及的社区活动，协助他们提高参与意识和能力。六是协助社会工作相关职能部门、社会公益性组织，协调、整合社区或社会资源为服务对象服务，建立完善社会救助服务网络。七是组织和指导义工开展社会工作。八是组织开展社会救助服务的调查研究，及时向政府有关部门反映相关工作的意见、建议。九是做好相关记录与档案工作。

嘉兴市南湖区建设街道成立社会工作室，帮助困难人群，倾听社区居民意见。社会工作方法的运用对于进一步强化社区自治功能，提高社会协同能力，扩大基层群众有序参与社会管理产生积极影响。为了有针对性地为辖区青少年提供专业化服务，营造青少年健康成长的良好社会环境，建设以“携手关爱 共创和谐”为宗旨，以社区青少年为主体，社会工作室为主力，充分调动辖区内各种社会力量，形成学校、家庭、社会（社工、社会公益）三位一体的专业工作合作模式，在百福弄社区建立了“新蕾”社会工作室。“新蕾”工作室围绕青少年所需，主要提供三方面的针对性服务：在促进青少年全面发展方面，提供成长指导、就业创业辅导、兴趣爱好培养、领袖素质培养、社会责任意识培养，财商培养等服务；在预防和解决青少年问题方面，提供学业辅导、生活困难照料、抗挫能力（逆商）培养、人际交往障碍训练、特殊青少年服务等服务；在青少年家庭问题方面，提供子女关系障碍辅导、亲情关系培养、情商培养等服务。据了解，“新蕾”工作室作为嘉兴市首家青少年专业社会工作室，配备拥有社工职业职称证书的社会工作者为青少年提供专业化服务，并建立专家人才库，引进有丰富社会工作实践经验的青少年素质训练指导师加盟。同时还采取心理辅导、专业培训、小组活动、家庭生活及社区教育等多元化的教育方式，是街道对青少年工作提供专业化服务的另一种新的尝试和探索。

第三节　联合调解保稳定

一、枫桥经验

20 世纪 60 年代初，诸暨市枫桥镇在社会主义教育运动中创造“发动和依靠群众，坚持矛盾不上交，就地解决，实现捕人少、治安好”的“枫桥经验”。

1963 年 11 月，毛泽东同志亲笔批示“要各地仿效，经过试点，推广去做”。随后，中央又两次对“枫桥经验”做了批转。由此，“枫桥经验”成为全国政法战线的一面旗帜。

50 年来，浙江历届省委、省政府都高度重视学习推广“枫桥经验”。根据毛泽东同志的批示精神和中央在不同时期的具体要求，省委、省政府多次对这一典型进行具体指导，对全省各地学习推广“枫桥经验”提出明确要求。特别是党的十六大以来，浙江省委围绕落实科学发展观的新要求，把学习推广新时期“枫桥经验”作为加强社会治安综合治理的总抓手，抓基层、打基础，建机制、架网络，明责任、强保障，使“枫桥经验”在全省城乡基层单位全面推行，焕发出蓬勃生机和旺盛活力。

2003 年 11 月，时任省委书记习近平同志在浙江纪念毛泽东同志批示“枫桥经验”40周年大会上明确提出，要牢固树立“发展是硬道理、稳定是硬任务”的政治意识，充分珍惜“枫桥经验”，大力推广“枫桥经验”，不断创新“枫桥经验”，切实维护社会稳定。

2014年12月4日，中共浙江省第十三届委员会第六次全体会议通过了《中共浙江省委关于全面深化法治浙江建设的决定》，《决定》提出把新时期“枫桥经验”作为法治浙江建设的重要载体，以法治精神丰富和发展“枫桥经验”，不断放大“枫桥经验”效应。加强基层社会治理创新，深化基层组织和部门、行业依法治理，推广村(居)务监督委员会制度、“网格化管理和组团式服务”、和谐劳动关系构建、民主恳谈等基层治理形式。健全“大调解”工作体系，构建基层多元化纠纷解决机制，把矛盾化解在基层、当地。积极探索基层法治建设载体，深入开展民主法治村(社区)、诚信守法企业等创建活动，发挥群众在法治建设中的主体作用。①

何宅村地处金华义乌市东部，与东阳交界，村里人口3700多人，外来人口4800多人，党员101人。近年来，该村旧村改造、土地征用、工业开发、外来人口增加等引发的矛盾纠纷不断增多，影响该村的稳定和发展。为此，村两委与村所在街道司法所、法庭等单位沟通联系，采用以法官指导为主的大调解机制来调处重大纠纷，取得明显成效，并培养出了一支专业、有战斗力的治调队伍。至今，全村没有发生一起因调解不当或调处不及时发生的民转刑案件、重大群体性案件和自杀案件。2010年，该村成功创建为省级民主法治村。

党的十七大以来，浙江省委围绕全面建设惠及全省人民的小康社会的新任务，把深化“枫桥经验”作为深化“平安浙江”建设的重要载体，致力于关注民情、改善民生、发展民主、维护民安、促进民和，每年都召开坚持和发展“枫桥经验”、深化基层平安建设的有关会议，坚持每年集中力量突破一两个重点难点问题，扎实做好加

① 《中共浙江省委关于全面深化法治浙江建设的决定》，《浙江日报》2014年12月15日第1版。

强社会管理的基层基础工作。

21世纪以来，浙江省广大干部群众在继承的基础上创新，在积累的基础上深化，创造“立足基层组织，整合力量资源，就地化解矛盾，保障民生民安”的新经验，建立“治安联防、矛盾联调、问题联治、事件联处、平安联创”的新机制，形成“党政动手、依靠群众，源头预防、依法治理，减少矛盾、促进和谐”的新格局，体现了“枫桥经验”的地方特色和时代特点。如今，“枫桥经验”已成为我省乃至全国平安建设、构建和谐社会的一大法宝。

二、基层司法所

为认真落实中央和省委、省政府关于加强“两所一庭”建设的要求，充分发挥基层司法所在建设“平安浙江”“法治浙江”和构建和谐社会中的基础作用，中共浙江省委办公厅、省政府办公厅发布了《关于进一步加强基层司法所建设的意见》(2007)。司法所是司法行政机关的基层组织，也是基层政法组织体系的重要组成部分。近年来，我省司法所扎根基层，服务社区，贴近群众，在预防和化解矛盾纠纷，维护社会和谐稳定，服务地方经济发展，推进依法治理等方面发挥了积极作用。但也应当看到，相比其他基层政法组织，司法所建设相对滞后，存在着机构不健全、队伍不稳定、管理不规范、发展不平衡等问题。新形势新任务对基层司法行政工作提出了新的更高要求。各级党委、政府和有关部门要从战略和全局的高度，充分认识进一步加强司法所建设的重要性，按照中央要求和省委、省政府的总体部署，切实加强司法所的组织机构建设，理顺管理体制，提高服务水平，为推进“平安浙江”“法治浙江”建设，构建社会主义和谐社会奠定基础。

司法所按乡镇(街道)行政区划设置。各地要结合乡镇(街道)综治工作，进一步加强基层司法所建设，强化职能，规范管理。对基层司法行政工作任务特别重的乡镇(街道)，可建立县(市、区)司法局派驻的司法所。要根据实际工作需要，配备司法所工作人员，确保有人从事基层司法行政工作。加强对司法行政编制的管理，不得任意改变司法行政编制的用途。各地要对现有的司法行政编制进行一次清理，重点是对 2000 年以来国办律师事务所和公证处脱钩改制及其他部门借用的司法行政编制进行清理，充实到司法所，以保证工作需要。

司法所应当坚持在乡镇(街道)党委、政府的领导下开展工作，坚持在乡镇(街道)综治工作中心平台上发挥职能作用。司法所实行县级司法行政机关与乡镇(街道)双重管理的体制。乡镇(街道)内设的司法所，其人员的任免、调动和录用应征求县级司法行政机关的意见；县级司法行政机关派驻乡镇(街道)的司法所，其人员的任免、调动和录用应征求乡镇(街道)的意见。

司法所的主要职责是：(1)指导管理人民调解工作，参与调解疑难、复杂民间纠纷；(2)承担社区矫正日常工作，组织开展对社区服刑人员的管理、教育和帮助工作；(3)指导管理基层法律服务工作；(4)协调有关部门和单位开展对归正人员的帮教安置工作；(5)组织开展法制宣传教育工作；(6)组织开展基层依法治理工作，为乡镇人民政府(街道办事处)依法行政、依法管理提供法律意见和建议；(7)协助基层政府处理社会矛盾纠纷；(8)参与社会治安综合治理工作；(9)完成上级司法行政机关和乡镇人民政府(街道办事处)交办的维护社会稳定的工作。

第四节　基层社会新治理

一、村民自治困境与出路

村民自治组织的发展受到众多因素的影响，其问题成因主要来自管理体制、社会结构、法律制度等方面。鉴于村委会在我国是最主要的村民自治组织形式(据民政部副部长姜力就“乌坎事件”答记者问时提供的数据，我国农村目前有村委会 58.9 万个)，以下对村民自治组织的现状分析主要以村委会为对象。

第一，管理体制的弊端导致自治组织的异化。村民自治发展中面临的一个重要问题是与乡镇政权组织和村党支部组织的关系处理。目前村民自治所依托的国家体制环境是“乡政村治”模式，也叫“乡镇政权＋村委会制”模式，即在村民自治条件下，国家政权的组织边界止于乡镇。设计者的主观意图是让农村在这种乡镇治理和村民自治二元并存的模式下，既充分调动国家力量，又积极发挥民间组织的积极性。如《村组法》第 4 条对“乡政村治”体制的规划表明，法律在确认村委会自治性质的同时，也划定了乡政权和村民自治权各自的运作空间：乡镇政府与村民委员会的关系是指导与被指导的关系，乡镇政府不得干预依法属于村民自治范围内的事项，村民委员会不是乡镇政府的下级，不存在领导关系；村委会作为基层群众性自治组织，只承担遵守国家法律、法规和上级政府的政策、命令以及协助乡镇政府开展工作的义务，没有具体的执行义务。显然法律制度下的乡村管理体制是国家政权力量和社会自治力量的相互协调与合作：乡镇政府通过村民自治组织的“协助”推行政务，村民自治组织借助基层政权的“指导、支持和帮助”实现自主、自治。但是，中国有着“行政优越”的传统，国家对整个社会的管理整体上处于一个“对上负责，对下领导”的“压力型体制”之下。① 作为最低层级的政府，乡镇面临着层层下压的巨大行政任务和行政压力，必须将国家法律、政策和上级的决定贯彻落实在乡村，“上面千条线，下面一根针”。乡镇在地方经济发展、政治稳定、社会治安和文化教育等方面不仅面临着上级层层压下来的指标和任务，而且常务工作中的收税、征兵、民政、计划生育和防汛抗旱等具体工作的落实都与乡镇领导和干部的评估、晋级有直接的联系，有些甚至发挥着“一票否决”的威力。因此，乡镇工作必须借助村级组织的力量，一旦出现不支持、不配合乡镇开展工作的村干部及只对村民负责而不对乡镇任务负责的村民自治组织，乡镇全年的工作任务就难以完成，乡镇领导和干部的业绩在上级的评价结论

① 项继权：《乡村关系行政化的根源与调解对策》，《北京行政学院学报》2002 年第 2 期。

中也会大打折扣，升迁自然要受影响。在这种情况下，乡镇对村级组织的行政控制就有了现实需要。此外，由于国家对村民自治的推动由乡镇具体实施，国家给予村民自治的大量制度资源都靠乡镇导入，乡镇在与村民自治组织的关系中事实上处于绝对优势地位，这使得乡镇对村民自治组织的控制又有了现实条件。为实现自己的行政管理目标和摆脱自身的艰难处境，乡镇政府只能向比其更弱势的村民自治组织扩展权力和生存空间，利用优势钳制村民自治组织，使其“为我所用”，成为乡镇政权必然的选择。“压力型”管理体制也激发了村“两委”关系的矛盾和冲突。按照《宪法》《村组法》《中国共产党农村基层组织工作条例》的规定，村“两委”之间是一种明确的领导与被领导的关系，村民自治在村党支部的领导下实行。中共中央 1990 年 12 月发出的《关于批转〈全国村级组织建设工作座谈会纪要〉的通知》对此还做了比较具体的规定。该《通知》关于村党支部的领导，主要体现在：(1)提出全村经济发展与精神文明建设的意见，通过村民委员会的工作，把党的方针政策和党组织的意图变为群众自觉行动。(2)讨论村民委员会的重要工作，支持和帮助村民委员会按照法律独立负责地开展活动。(3)协调村民委员会同其他组织的关系。(4)对在村民自治组织工作的党员和干部进行考核和监督。但按照党的组织原则，村党支部直接受镇级党委的领导，而乡镇党委书记经常直接处在行政第一线，职位的需要使其必须与镇长一起，利用与村党支部书记的直接领导关系形成与村委会事实上的领导关系。实践中，乡镇对村民自治组织的行政控制往往也是通过党的领导体系来完成，乡镇的行政任务较多地是直接下派给村“两委”共同负责。因此，要求村支部书记从村民自治事务中完全退出并不现实。相反，由于乡镇党委对村党支部可以通过党内直接任命的方式来实现领导，乡镇与村党支部结成了一种“天然的同盟关系”，相互之间的依赖和信任度比较高，乡镇的任务一般都直接找村党支部，刺激了村“两委”矛盾的产生；而一旦村“两委”发生矛盾和冲突，乡镇也很容易因村党支部书记是“自己人”而有所偏袒，这进一步激化了村“两委”的矛盾。

第二，社会结构的变迁促使自治主体的分化。农村改革前，农民是一个身份群体，所有的农民统一在人民公社的行政控制下，实行大体平均的收入分配。改革后，农村的生产经营格局发生了根本性的变化，单一的经济结构被打破，个体经营、私营企业、乡镇企业等在农村找到了广泛的社会基础和发展空间，各类村庄能人和农村精英开始涌现，农村主体发生分化，利益结构也日益多元化。农民逐渐从对行政组织的依附关系中解脱出来，主体的分化和市场的冲击使农民成为利益独立的商品生产者，面对市场竞争，农民对经济利益的关注远远超过对村庄政治的关注。

经济体制的改革还打破了农村社会的自我封闭状态，农民不再满足于在自己的“一亩三分地”上晨耕夕作，他们以打工、经商的方式在区域之间、城乡之间自由流动，北京、上海、深圳等大都市开始成为农民谋求新职业的理想之地，农村年轻劳动力大量向城市转移。据统计，乡村人口在第一产业的就业率 1978 年为 70.5%，1997 年为 49.9%，2005 年仅为 44.8%。① 据 2010 年人口普查统计，目前全国有 1/6 左右的人处于流动状态，也就是说常住地与户籍登记地不同、离开户籍登记地半年以上的人口约有 2.3 亿。从人力资源和社会保障部发布的《2010 年度人力资源和社会保障事业发展统计公报》来看，2010 年度全国农民工总量为 24223 万人，其中外出农民工数量为 15335 万人。农民流动性的增强使得农民户籍所在地的村民自治组织出现“空巢化”，很多村民自治组织成员甚至也常年在外打工，严重影响了村民自治组织的功能实现。

此外，社会的急剧变化使农民的主观认知也日益多样化，加剧了农民的分化。改革开放后，中国的农民成为分化速度最快、规模最大、范围最广的群体，农村社会出现“观念重构”。农民开始因自己不同的生产、生活方式和生存扩展空间而产生不同的观念意识

---

① 国家统计局：《中国统计年鉴》，中国统计出版社 2006 年版，第 34 页。

与价值判断。而农村权力结构的转变也使国家政权力量对农民意志的干扰和限制日益减少，一些与主流意识不同甚至相反的观念开始在农村大量涌现，"拜金主义""个人主义""宗亲观念"在很多地区重新复活。反主流文化的传播和扩散使农村中政治信仰冷淡、个人利益至上现象日益普遍。

第三，法律制度的缺陷妨碍村民自治的强化。从 1982 年《宪法》的制定到 1998 年《村组法》的正式颁布实施，国家关于村民自治的法律制度不断发展和完善，但目前关于村民自治的制度规定还是存在很多不周全的地方。相对试行本而言，目前的《村组法》在村委会选举、村民议事规则和村民民主监督等方面做了很多的补充，对十多年来村委会运作过程中产生的一些问题做了一定的制度回应，但仍然存在很多不足：一是《村组法》作为引导农村实施村民自治的基本法律，对一些基本概念和具体制度，缺乏清晰的界定。如第 2 条对村委会的界定只是宣言式的，对于我们准确理解村民自治，把握村委会在农村权力结构中的地位和作用缺乏具体的指引；第 11 条至第 16 条虽然专门对民主选举的问题做了规定，但对村委会选举的许多重要环节和重大问题，如选民资格的确认、候选人资格条件、竞选规范和贿选的界定等，都没有触及。二是《村组法》以义务性规范为主。村委会除了协助基层政权机关和部门开展工作外，还肩负着本村的经济发展、政治稳定、社会治安、文化教育、法律政策宣传以及科技知识普及等全方位的服务和管理工作。这些强制性规定，实际上是借助村委会这一中间组织实现国家的管理意图。而村委会义务的最终落脚点还是在农民身上。因此，这些规定为农村基层组织对村民施加压力和增加负担提供了制度支撑。三是在处理村"两委"关系问题上，《村组法》第 3 条规定了村党支部的"领导核心作用"，但对于如何体现"领导核心"也没有明确的规定。而此后对村委会的职责规定又几乎囊括了农村经济建设和社会发展中的所有重要问题，形成了村"两委"关系紧张的制度性原因。四是在处理乡村关系问题上，《村组法》沿袭了试行本的模糊规定，对乡镇政府的"指导、支持、帮助"关系没有可操作的规定。相对试行本,正式实施的《村组法》针对实践中乡镇侵权严重的现象,加了一句“不得干预依法属于村民自治范围内的事项”,但哪些是“依法属于村民自治范围内的事项”规定不明确,因而该条规定对协调乡村关系依然没有具体有效的制度规范。按照“村民自治”的立法精神,村委会选举、村务公开和《村组法》第19条中规定的“重大事项”应该不属于“自治范围内”,但实践中多数乡镇仍沿袭过去行政命令的做法,干预村民自治的事例时有发生,导致村民自治组织行政异化严重。五是在村民权利救济上,《村组法》关于村民自治权益受侵害后的救济办法规定很少,除第15条、第22条分别就民主选举、民主监督和村务公开方面的权益保障做了规定外,只有第28条规定了地方各级人民代表大会和县级以上地方各级人民代表大会常务委员会的“保障”实施职责。按照这些规定,村民在自治权利受到侵害后,只能向乡镇人大和政府或者县人大常委会和政府及主管部门反映,由这些机关进行行政化的调查处理,而司法救济是缺失的。司法救济的缺失,使得实践中很多违法行为没有得到及时的处理,村民的自治权益没有得到应有的保护,村民自治主体陷入“有权利无救济”的尴尬境地。

“解铃还须系铃人”,要解决农村自治制度方面的问题还得从制度本身着力。当前,针对农村自治制度方面的研究,多是从理顺乡村关系和村“两委”关系方面入手,现对既有思路略做评述,进而提出完善村民自治的法律制度建议。

第一,在理顺乡村关系的诸多方案中,由于村民自治组织深受行政控制之苦,既有的思路是改革乡镇体制,转变乡镇职能,让乡镇不再对农村的经济增长负责,只需执行一些最基本的社会事务管理职能。这种方案的主要目的是通过减轻乡镇的“职责负担”,减少乡镇向农村进行扩张和资源掠夺的理由,促使乡镇对村民自治组织真正放权,做到指导而非主导、支持而非控制、帮助而非操纵。

第二,在处理村“两委”关系上,既有的观点是村支部“掌舵”和村委会“划桨”,内容大致表述如下:党支部作为村级组织的领导核心，要在尊重村委会法律地位和自治职能的基础上，对村委会实行正确领导，领导而不包办，监督而不干预，尽职而不越位；村委会要自觉接受党支部的领导，尊重党支部的领导核心地位，在党的领导下依法开展工作，建立健全请示汇报制度。

上述方案的设计虽然严格遵循了《宪法》《村组法》《中国共产党农村基层组织工作条例》的原则规定，从理论上无可挑剔，但遗憾的是，这些方案其实只是现行制度在语言表述上的花样翻版，并不能确切地解决当前村民自治组织所面临的困境，理由如下：

一是从乡镇的立场看，乡镇政权面临的各种行政任务和管理目标必须以村级支持为依托，即便是一些最基本的社会事务管理，如计划生育和土地管理，失去村干部对政务的积极协助，其实现就会成问题。所以，除非乡镇不再作为一级政权，不再承担任何行政任务，也不再拥有任何权力，否则，即使我们对乡镇机构改革了再改革，精简了再精简，即使我们严令禁止了乡镇对村级人事安排的操纵和控制，禁止了乡镇对村干部的奖惩考核和目标管理，但只要上级政府的社会经济发展目标和各种各样的指标下达到乡镇基层，乡村关系便逃避不了强大行政权力入侵的可能。

二是从村“两委”的关系安排来看，人们在面对村支部和村委会的矛盾冲突时，确实很难做出任何有偏向的抉择，所以，只能在语言表述上做文章。事实上，在处理村“两委”的矛盾冲突上，研究者在对“两委”关系的理解中隐含了一个基本的错误，即把村“两委”当成了村庄民主政治进程中的两个权力博弈的主体，把村级组织成员的矛盾下意识地放大成了村级组织的矛盾，在“一元领导”的思维下，不是陷入“体制”情结的盲目中，就是迷失于祥林嫂般的语义重复里。

课题组认为，目前许多方案设计普遍存在的一个误区是，把村民自治的主体当成了村民自治组织而非村民，很多时候甚至成为村委会主任自治或村党支部书记自治，手段代替了目的。这种失误，使研究者在提出村民自治的完善方案时，很容易陷入“精英治理”的窠臼，不是乡镇精英就是村级精英，不是村支部精英就是村委会精英。在这样的思路下，所谓的完善方案，关注的也只是乡镇、村党支部和村委会的“三权分立”，是乡村之间和两委之间而非国家和社会之间的权力分配；所谓的和谐关系构建，实质上也只是一种乡镇和村“两委”的“共同执政”，与真正的村民自治相去甚远。

承上所述，影响村民自治组织发展的最大因素在于人们在旧有观念的束缚下迷失了对制度真义的理解，对法律精神的尊重，使村民自治误入歧途。2013 年中央一号文件明确提出“进一步健全村党组织领导的充满活力的村民自治机制”，要求“依法维护、统筹兼顾广大农民群众多种利益，畅通和规范诉求表达、利益协调、权益保障渠道”，以及“依法保障外出村民在本村、外来人口在居住村的民主权利和物质利益”。中央一号文件的规定，充分体现了国家以农民为权利主体的基本精神。限于文章篇幅，此处对国家就村民自治组织在政治、经济和文化等宏观层面上的改革不做讨论，而主要把切入点放在如何保障村民自治组织中主体权利实现的法律思考上。

其一，制定《村民自治组织选举法》，保障村民民主选举权。当前，各省（区、市）在贯彻实施《村组法》中对村委换届选举的制度推进力度较大，全国大部分省份都已出台了村民选举办法。早在 10 年前，根据民政部基层政权和社区建设司农村处 2002 年编印的《各省、自治区、直辖市村委会选举办法汇编》，全国有 25 个省（自治区、直辖市）出台了村委会选举办法；广西等 6 个省（自治区）在实施办法中对村委会选举做了具体规定。从 2002 年年底 18 个省区范围的村委会换届工作来看，95％的农村都是由村民会议或者村民小组推选村民选举委员会，由村民提名候选人，全部职务实行了差额选举，普遍设立了秘密写票处，采取公开计票、当场公布选举结果等方式，农民的推选权、登记权、提名权、投票权基本得到落实。但无论是从国家立法还是地方配套规定来看，民主选举制度中还有很多的问题需要解决。事实上，农村黑恶势力入侵村政的现象往往发生在那些村级民主选举很不完善的地方，华中师大农村问题研究中心的有关资料表明，凡是那些黑恶势力通过选举渗透村委会的例子,都是民主选举不彻底造成的。有学者甚至认为在村委会“海选”中,仅仅强制村民秘密投票,使黑恶势力无干涉村民自由投票权利的机会,就足以解决村霸执政的问题。① 可见民主选举制度的完善对提升村民的参政热情、遏制黑恶势力入侵村级政权有着重要的作用。鉴于此,浙江省人大常委会早在1999年就已经制定并出台了《浙江省村民委员会选举办法》,并于2004年和2012年先后两次对该《选举办法》进行了修订,《选举办法》对村民自治组织选举中的各种基本问题进行统一规范,以保障村民的权益。

其二,完善村民代表会议制度,保障村民民主决策权。在民主管理和民主决策的问题上,《村组法》目前的规定是以村民会议为法定的实行机关。包括制定和修改村民自治章程、村规民约,审议村民委员会的工作报告和村民委员会成员的工作,讨论决定涉及村民利益的一系列事项,如“乡统筹的收缴方法、村提留的收缴及使用”“村民的承包经营方案”“宅基地的使用方案”等。《中华人民共和国村民委员会组织法》第17条、第18条、第19条、第20条等条款的规定对村民实施民主管理和民主决策确实起到了指导作用,但这些权利的实现按照《村组法》的规定必须以召开村民会议为前提,而实践中,由于村民居住分散、流动频繁,村民会议“召集难”的问题非常普遍,且《村组法》第19条的规定包含了村级自治管理的绝大部分内容,遇事便召集村民会议也不现实,可操作性不强使村民会议在很多地区成为摆设。笔者认为法律可以考虑对村民自治的主要事项做一个基本分类,比如对村委会的选举、罢免和村民自治章程的制定等重大事项,明确规定应该交付村民会议讨论,至于其他重要事项,完全可以交付村民代表会议讨论决定,因为相对“全民动员”的村民会议而言,村民代表会议的召集和功能发挥在实际生活中更具有便捷性和可操作性,它既可以有效防止

① 贺雪峰:《当前村民自治研究中需要澄清的若干问题》,《中国社会科学季刊》2000年春季卷。

因村级决策机关“虚置”而带来的村级组织专权，又能在实践中切实保障村民自治主体的民主决策和民主管理权。因此，笔者认为，应该依据《村组法》第 21 条中“村民代表”的规定，对村民代表会议这一具有较强生命力的议事制度给予更详尽的制度建构。

其三，建立司法救济机制，充分保障村民自治权。对村民自治权利的保障，必须依赖一定的救济手段，因为有救济才有权利。《村组法》第 15 条、第 22 条和第 28 条对县乡人大、政府和政府主管部门的职责规定为村民自治权的实现提供了一定的保障，《村委会组织法》第 22 条规定：“村民委员会不及时公布应当公布的事项或者公布的事项不真实的，村民有权向乡、民族乡、镇人民政府或者县级人民政府及其有关主管部门反映，有关政府机关应当负责调查核实，责令公布；经查证确有违法行为的，有关人员应当依法承担责任。”第 28 条规定：“地方各级人民代表大会和县级以上地方各级人民代表大会常务委员会在本行政区域内保证本法的实施，保障村民依法行使自治权利。”各地区一般也制定了配套法规以加强对《村组法》的实施，北京、陕西、甘肃、新疆等地还专门规定乡镇人大或乡镇人大主席团保证和监督《村组法》的实施。但这些规定对于地方各级人大、政府和部门如何发挥自己的监督保障职能，都没有可操作性的规定，导致这种保障在实践中很多情况下只具宣言性。事实上，《村组法》对村民自治权的保障主要借助县乡行政力量的安排，并不能有效保障村民自治权的真正实现，因为这种行政手段的约束作用非常小，县乡政权机关在农村治理中对村级组织有很大的依赖性，在处理村级组织的违法违纪行为时受牵制多，顾虑也多，公正性远不及司法。因此，应该尽快建立村民自治权利的司法救济体系，让司法成为村民自治权利保障的最终防线。

其四，明确乡村权限划分，实现村民完整自治。中国正处于社会急剧变迁时期，经济社会的变动性加剧了对乡村权力边界和权限范围进行界定的困难度。从农村治理的角度看，乡村权限划分由地方建章立制更符合社情民意和更便于操作。近年来，一些地方在贯彻《村组法》过程中，制定了有关乡村关系的具体规则，有力地促进了乡村关系的平衡和协调。我们认为,《村组法》可以在尊重村民自治权利的原则下,增加乡村之间的一些权限划分条款和保障自治实施的责任追究条款:一方面对乡村之间的重大权限范围,如村委会选举、村干部职务分配、村级资产管理等进行明确规定;另一方面对那些明显违反乡村关系处理原则、侵害村民自治权利和乡镇行政管理权力的行为进行处罚,实行"责任追究制",既防止乡镇对村民自治组织的"强干预",也防止村自治机关出现"滥权"和"过度自治"。当然,增补条款的具体内容必须慎重,不能主观臆想。比如"村财乡管"的问题,作为一种制度任由地方强制推行的话,确实违背了村民自治的基本原则,损害了乡村关系的健康发展,但由于其具有一定的现实需要和合理性,在一些地方对防止村干部贪污腐败也确实起到较好的作用。所以我们认为,如果"村财乡管"是由村民主动申请和要求的,则并不构成对村民自治的制度侵权。

二、城乡一体新社区治理

随着城镇化的加速推进和大规模的征地拆迁,浙江出现了不同规模的农民集中居住区,他们离开了土地,离开了村庄,但在一定时期内仍然是村土地承包人和集体经济合作社成员,居住方式的变化并没有改变农民的户籍、行为习惯和身份认同。嘉兴、温州等地在探索集中居住区的基层群众自治方面取得了一些可借鉴的经验。

2010 年嘉兴出台文件,提出加强城乡一体新社区建设。城乡一体新社区不同于现代城市社区和传统农村建制村,也不同于省委、省政府提出的农村社区,它是以农村村民向城镇或周边跨组、跨村、跨镇集聚为主要外在特征的新型社区形态。在这些新社区,积极推进社区居民参与社区建设,设置社区党组织,发挥领导核心作用;建立社区管理委员会,作为过渡性质的管理服务机构;建立社区事务站和服务中心,承担具体管理服务工作;设置社区居民议事监督委员会,负责社区重大事项的研究讨论。在城乡一体新社区运转基本顺畅、各项工作有序推进、居民关系基本融洽之际，撤销社区管委会，依法组织社区居民委员会换届选举。这种方式既有利于管理工作的开展，也有利于自治工作的推进，对促进社区融合具有一定意义。

温州从 2011 年开始进行大规模的村级组织设置改革，5405 个行政村通过“转、并、联”方式，挂牌组建了 856 个农村新社区，一些农村新社区中存在社区居民委员会、村民委员会等多个自治组织。涉及自治参与和村集体经济分红等问题，社区居民仍然通过原来的基层自治组织行使权利，而新社区主要负责提供更加便捷、完善的社区服务。

第四章 眼观六路，耳听八方——严密的基层法治监督

孟德斯鸠早就说过：一切有权力的人都容易滥用权力，这是万古不易的一条经验。有权力的人使用权力一直到遇有界限的地方才休止。① “有权必有责，用权受监督”，监督是推进基层民主法治建设的重要环节。

第一节 “法律见证”制度

浙江省注重组织律师特别是党员律师以“第三方”名义参与选民、候选人（自荐人）资格认定的法律审查，重点对投票、监票、计票等各个环节进行现场监督，调解选举纠纷，提高选举工作的权威性和公信力。

一、创新载体，确保换届选举公平公正

衢州市龙游县在罗家乡的村委会和村监会换届选举试点工作是从 2010 年 11 月开始的。换届选举工作中，他们积极创新载体，建立了法律见证人制度。2011 年换届选举全面铺开后，龙游县更是组织 28 名律师和法律工作者担任法律见证人，实现了 14 个乡镇（街道）、252 个村换届法律见证人全覆盖。法律见证人 2 人一组，以第三方的身份监督投票、核票和计票，全程为村级换届选举提供法律服务。

---

① ［法］孟德斯鸠：《论法的精神》，张雁深译，商务印书馆 1995 年版，第 104 页。

“为了避免候选人在选举现场干扰选举，乡里每次换届都把候选人集中到乡政府，几届下来效果很好。但让他们现场签字认可却有难度，毕竟他们没看到现场，总会有疑虑。”一边是换届选举全程签字制度，一边是候选人集中管理制度，作为村级组织换届选举试点乡，这个矛盾让罗家乡党委书记姜丽萍纠结。

如何保证选举的公平公正，消除选民尤其是不在现场的候选人对选举结果的疑虑？姜丽萍想到了公证，可联系县司法局后，得知公证选举过程几乎不可能，因为整个龙游县只有2名公证员，而乡里一天就有三四个村进行选举。“人员不够，我们想到了法律见证。同样是第三方，法律工作者和律师也能担当此任。”县司法局副局长徐延平说。

于是，龙游县及时制定出台了《律师、基层法律服务工作者参与全县村级组织换届选举提供法律服务的实施方案》，确定了法律见证人的基本职责，即法律宣传、程序监督、现场见证、后期培训，明确了不隐瞒违法现象、不直接干预、不随意表态及随时随地接待选民咨询的制度，以确保村级换届选举公平、公正。

这样，在县司法局的统一调配下，龙游法律服务所的6名法律工作者参与到罗家乡各村换届选举中。全乡10个村的公告栏里，法律工作者的姓名、电话被公布在了醒目位置。从法律宣传到法律咨询，从矛盾调解到现场监督，法律见证人发挥着精通法律、熟悉政策的优势，着重做好选举程序、委托投票、禁止贿选等群众关注问题的法律解释，并就选民如何依法行使民主权利等提出意见建议。到目前，共为各乡镇（街道）、村发放2000张农村换届选举“十条禁令”法制宣传漫画，编印1500本《村级组织换届选举以案说法》宣传册，从法律层面为换届选举提出合理化建议12条，现场解答村民相关法律咨询200余人次。这些工作，有效地提高了选民和候选人的法律意识，使换届选举有序开展，特别是法律见证人以第三方的名义参与村委会和村监会换届选举，提高了选举工作的严密性和科学性。

罗家乡马府墩村的黄水根，今年第一次参选村监会主任，但赞成票未过半数，落选。“当时，心里有疙瘩。”黄水根说，“我觉得，应当进行第二次选举。”经法律见证人解释，黄水根接受了落选的事实。“有法律见证人在场，村民有什么疑问，当场提问当场得到答复，心里感觉很踏实，也使选举更公平公正。”罗家乡荷村老党员邱自荣说。

二、全程参与，有效服务村级换届选举

村委会和村监会换届选举工作开始前后，龙游县的换届选举法律见证人便投入繁忙的工作中。

在现场选举开始前，法律见证人先对《选举法》和《村民委员会组织法》等法律的主要内容向选民进行解读释义，分发宣传资料，走访重点村或重点对象，做到提早介入、提前预防。对推选村民选举委员会、选民资格登记审查、委托选举程序、自荐村委会和村监会成员资格审查、投票点设置、工作人员选派等重点环节，法律见证人进行书面审查，着重从法律层面进行监督，并根据法律的相关规定提出合理化建议。在选民登记过程中，法律见证人发现罗家乡部分村对服刑人员的登记资格存在不同标准，便及时向选举工作委员会提出建议，全乡马上实施统一标准，从而消除了潜在的不稳定因素。

在换届时，法律见证人还认真做好法律条文的现场解答，并严密监督选举活动依法进行。一次解决村委会主任选举时的废票争议，令法律见证人张越平律师记忆犹新。罗家村的肖玉明是村委会老主任了，在核票过程中几张填写不规范的选票引起了张越平的注意。“只填了‘玉明’两个字，不合规定，应当属于废票。”老肖很是不解，全村仅他一人叫“玉明”。最要紧的是，计票结果后，恰恰是这几张票的作废，使肖玉明的选票数刚巧没有过半，按照选举办法，应当进行第二次选举。老肖的几百户支持者有情绪了，纷纷提出意见。张越平还是坚持认为应该维护选举的严肃性，便耐心向村民解释，最终得到肖玉明和村民的理解，接受了 7 张选票为废票的事实。“有懂法律的人在场，我们放心多了。”村民说。第二次

选举，肖玉明成功当选。

柯升福是龙游法律服务所主任，也是罗家乡村级组织换届法律见证人。他全程参与了这个乡10个村村委会和村监会换届选举的投票、核票、计票等过程，并在选举结果报告单上郑重签字。

三、有法可依，积极推进基层民主政治

去年12月25日，罗家乡一个村宣布选举结果，有村民认为新当选的村主任曾因交通肇事坐过牢，不合规定，并以此为由聚集了大批村民在选举现场起哄，当时形势十分紧张。柯升福得知情况后，立即介入。"这名村主任确实曾经犯过罪，但刑满释放已过5年，按法律规定符合参选资格。"柯升福耐心地向现场村民解释，终于使村民心服口服，风波迅速平息。

"有的村选情比较复杂，对选民的疑问一定要及时解答，耐心解释。"柯升福说，法律见证人以第三方的名义，参与村级组织换届选举，法律解释既专业，又能赢得村民信任。

近年来，随着普法宣传的深入，村民的法制意识得到明显提高。但村民毕竟不是专业的法律工作者，对相关法律法规的理解大多不很成熟，尤其在一些法律细节问题上，很多村民往往只知其一不知其二，要是不进行耐心细致的解释引导，很容易引发纠纷。"法律见证人服务换届选举工作之所以一举成功，得益于他们在党委的领导下，紧紧把握选前、选中、选后三个关键节点，强化宣传、注重引导、坚持规范。"姜丽萍说。

龙游县罗家乡的村级换届顺利完成。1月5日上午，换届后的第一个村级定期集中办公日，全乡7个村的村监会新老主任在驻村干部的见证下完成印章、档案等的移交工作。新一届村监会工作正式运转。

法律见证人制度并不就此止步。换届后，龙游县还将发挥法律见证人制度的延伸效应，全力推进村村聘请法律顾问制度，着重配合做好新一届村委会和村监会的法律知识培训工作，帮助制定、修订村民自治章程、村规民约等制度，在工作决策、纠纷调处、合同

签订等方面为村委会和村监会成员提供全方位的法律服务。龙游县委常委、县纪委书记毛卓战说:"法律服务村级换届,不仅是选举法治化的过程,更是推进基层民主政治建设的过程,它使全县的村级换届选举真正达到了'选出满意班子、实现和谐换届'的目标。"这一创新之举,不仅为村级组织换届选举全程提供法律护航,更为基层民主政治建设探索出一条新路。

第二节 两级会审监督

一、两级会审与巡察制度

江山市推行的村务监督两级会审制度,是指在实施村务监督时,由乡镇(街道)、行政村分级对村务监督事项进行集体会审,通过两级集中审议、定期评议、专项建议等措施,帮助解决村务监督委员会履职过程中遇到的困难和问题,促进村务监督委员会正确履职,增强村务监督实效。

虎山街道荷塘村今年给每位村干部发放了3500元家属慰问费。村务监督委员会认为,这笔钱发得不规范。这个问题被提交到街道纪工委每月组织的村监会主任例会,进行两级会审。会上,有人提出村干部工作辛苦而工资低,家属付出不少,发一点慰问费可以理解。但大部分人认为,按规定村干部领取工资后不能再发放补贴,家属不能领取酬劳。两级会审后形成统一意见:慰问费全部退回,并以此为例,以后各村都不允许给村干部发放类似费用。

"村监会有效发挥作用后,反映村干部廉洁问题的信访件明显减少。2008年我们收到62个信访件,2011年减少到7个,今年才4个。"清湖镇纪委书记张江清举了这样一组数据。

为提升村务监督工作水平,江山市还推出村务监督巡察工作制度,由镇纪委抽调各村村监会主任及相关业务干部,组成村务巡察组,定期对每个行政村的村务公开、农村集体"三资"管理和工程建设项目等进行交叉监督。本村村监会不便监督、监督不到位的事项，由巡察组中其他村监会主任和镇干部提出意见，进行整改。

2012 年 7 月，坛石镇巡察组发现有 4 个村聘请常年法律顾问，费用达 1 万元。巡察组及时向镇党政主要领导汇报后，镇里要求各村严格限制非生产性开支，禁止大额广告费、赞助费等支出。截至目前，江山全市已开展交叉监督 280 多次，发现并纠正村务监督不到位等问题 157 个。

2014 年以来，江山市通过扎实推进村务监督委员会规范化建设，审核农村集体资金 3.2 亿元，发现不合格票据 1055 张，拒付不合理开支 71.7 万元；参与工程建设招投标监督 626 项，监督资金 9604 万元，发现问题 8 个，实际节省资金 755 万元；参与资产资源处置监督 171 项，为农村集体增加收入 1028 万元。

江山市虎山街道何家山村 2013 年完工的道路硬化工程，因为在工程质量、工程变更、工程延误造成材料涨价等问题上施工方和村里发生分歧，多次协商不成。经过村务监督两级会审，会审人员与施工方一起商讨哪些钱该付、哪些钱要扣，事情得到圆满解决，村民满意，施工方也高兴。

二、村务监督与裁判团

笔者在浙江省温岭市滨海镇目击了一场特殊的会议，议题是该镇马路村的 4 张发票报销是否合理，“裁判团”是由该镇其他 10 个村的村务监督委员会主任和镇里的几名干部组成。这种会议形式在温岭被称为“村务监督两级会审”——村里的问题解决不了，就拿到镇里。再解决不了，甚至可以拿到市级层面审议。

两张发票的经手人、马路村村委会副主任莫丹斌解释说：“当时是台风季节，4 队村民反映水管破裂，淹没菜地，我立即赶到现场应急处理。320 元是人工费，360 元是水管更换费用。由于是雨中作业，支付的人工费比较贵。而工程车压破水管问题，村里没法查实。”

“水管爆裂淹没了附近的菜地，村干部及时处置是没有错的，”“裁判团”成员、镇干部尚福明首先发言，“如果水管是隐管，照理说应该设置警示牌。因没有警示牌，工程车随意驶入机耕路，这件事情村'两委'要吸取教训，要与群众做好沟通。"

紧接着，"裁判团"成员纷纷发言，形成的结论是：村干部在紧急情况下，为保护村民利益，及时修复破裂水管是值得肯定的。人工费贵些属基本合理，应予报销。关于无法查实的工程车压破水管问题应在发票背面予以说明。

村监会主任张福生点点头，表示接受。他又对马路村5队1300元的水管安装费用、675元树木治虫打药费用和村征地优惠款等问题提出质询。

质问、解释、建议，会场气氛十分热烈。有人说："都是一些小钱，花几百块钱的权力还是要给村'两委'的，要不然他们怎么做事情？"张福生反驳道："票据内容不清，如果村监会不明就里签了字，是要遭人骂的。"随后，这几张发票都由马路村党支部书记林云琴、村委会主任莫学秀一一做出解释，"裁判团"认真讨论后做出了裁决。

上午12时，"两级会审"在宣读完4份《会审意见书》后结束。拿着薄薄的《意见书》，林云琴和莫学秀都坦言，觉得沉甸甸的。莫学秀的教训比较深刻。在全村675元树木治虫打药费用的发票上，为了计算方便，他标上了"13.5工，每工50元"的说明。而实际上，当时用了8工，按每工80元支付，另付了35元的药费。为此，这张发票受到了村民对用工量的质疑。他解释道："现在50元一工是不够的。""裁判团"认为，80元一工确实符合实际情况，因此《会审意见书》也裁定予以报销。莫学秀深有感触地说："在财务问题上是不能打'马虎眼'的，今天图个小方便，明天就可能出现大问题，村监会的民主监督和市里推行的两级会审制度让我认识到，不但要廉洁自律，更要防患未然啊。"

会场内，村监会主任们围绕着发票在讨论；会场外，温岭市纪委、监察局的干部们忙不迭地做着笔记。对他们来说，这次会审是加强村级组织民主管理、民主监督的又一次生动实践，能够为今后修订完善基层民主监督制度提供宝贵的经验。

温岭市委常委、市纪委书记陈建斌告诉我们："两级会审制度解决了对村务的有效监督和有序监督问题，尤其是对一些'问题'发票的镇村两级集中审议，不但堵住了腐败的漏洞，也从另一方面提高了基层组织的威望。"

据悉，从2011年至今，温岭市共组织实施村务会审8441次，其中两级会审116次，拒付不合理开支859万元。同时，农村党员违纪违法案件同比下降25%。

第三节　村务监督委员会制度

一、村务监督委员会的基本内涵

如前所述，村务监督委员会在民主监督中发挥了很好的作用，发端于浙江省的村务监督委员会制度，已经写入《村民委员会组织法》，上升为全国性的制度。目前，浙江省100%的村建立了村务监督委员会。

2010年7月20日，中共浙江省委办公厅、省政府办公厅印发了《村务监督委员会工作规程（试行）》，《工作规程》对村务监督委员会的组织设置和任职条件、工作职责和权利义务、监督内容和程序、工作制度和实施等方面做了详细的规定，对发挥村务监督委员会的作用具有重要指导意义。

根据《工作规程》的规定，村务监督委员会的主要职责是：(1)对村民会议和村民代表会议决议执行情况，重大事项民主决策情况，村务公开和民主理财情况，村级各项收支、集体土地征收征用、工程项目招投标等村务管理执行情况进行监督；(2)支持和配合村民委员会等村级组织正确履行职责，协助做好有关工作；(3)主动收集并认真受理村民的意见建议，及时向村党组织和村民委员会反映村民对村务管理的意见和建议。

《工作规程》第八条规定：村务监督委员会成员依法依规对村务活动进行监督，享有以下权利：(1)知情权。列席村民委员会会议，向村干部和村民了解有关情况，查阅、复制与监督事项有关的文件资料，了解掌握村务的决策和管理执行情况。(2)质询权。对村务事项和村干部履职情况进行询问质询，要求村干部做出解释。(3)审核权。对村务、财务公开情况和财务报账前的原始凭证进行审核。(4)建议权。围绕村务事项提出工作建议和意见。对村民委员会的决定有原则性的不同意见时，可建议提请村党组织或乡镇(街道)协助召开村民代表会议或村民会议讨论决定。

二、村务监督委员会的监督范围

《工作规程》第十条规定村务监督委员会开展监督的主要内容：(1)村务决策的监督。主要监督村务决策是否按照规定程序进行，及时纠正违反决策程序的行为。对应当依法由村民会议或村民代表会议进行讨论决定的有关事项，而村民委员会不组织召集或擅自做出决定的，村务监督委员会应及时向村党组织、乡镇(街道)党(工)委、政府(办事处)和纪(工)委反映，并督促村民委员会及时召开村民会议或村民代表会议，讨论表决。(2)村务公开的监督。对村务公开事项进行事先审查，主要审查公开内容是否全面、真实，公开时间是否及时，公开形式是否科学，公开程序是否规范。经审查符合要求的，村务监督委员会在公开内容上签署意见或盖章。对公开事项存有异议的，村务监督委员会应及时向村民委员会提出，村民委员会应在10个工作日内予以答复和处理。(3)村级集体“三资”管理的监督。村务监督委员会参与制定本村集体的财务计划和各项财务管理制度。对财务支出事项，由村务监督委员会按月或按季进行审查。未经村务监督委员会审核盖章的票据，乡镇(街道)会计代理服务中心或“三资”服务中心不得入账。对有争议的票据，村务监督委员会可提请村民会议或村民代表会议讨论决定。村务监督委员会对村级集体投资经营情况和集体土地房屋、山林、矿产等资产、资源处置情况实行全过程监督。(4)村工程建设项目的监督。村务监督委员会对工程从立项、招投标、质量验收到资金预决算及支付等进行全过程监督。主要监督项目立项是否科学、民主；是否按有关规定实行招投标；有无随意变更工程设计；工程建设质量是否合格；资金管理和支付是否规范等。对项目实施中发现的问题，村务监督委员会要及时向村党组织、村民委员会反映。若发现有村干部违规违纪的，村务监督委员会要及时向村党组织、乡镇（街道）党（工）委、政府（办事处）和纪（工）委反映，并协助进行调查。

2013 年 5 月 6 日，中共浙江省纪委办公厅印发了《村务监督委员会主任工作职责（试行）》。根据《工作职责》的规定，村务监督委员会主任要组织村务监督委员会成员经常开展监督活动，明确监督事项，落实监督分工，增强监督实效，主要牵头做好以下监督工作：(1)组织开展对强农惠农富农政策措施落实情况的监督。重点对粮食直补、良种补贴、农机具购置补贴、农资综合直补、柴油款等补贴的发放情况以及农村医疗救助、农村社会养老保险、农村最低生活保障、村级公益事业“一事一议”财政奖补等制度的落实情况进行民主监督。(2)组织开展对村务民主决策情况的监督。重点对村级财务预决算、村集体经济项目实施、大额资金使用、集体资产处置、资源承包租赁和处置、一事一议筹资筹劳等村级重大事务是否按规定程序进行民主决策的情况实行监督，及时纠正违反决策程序的行为。(3)组织开展对村务公开情况的监督。重点对村务公开特别是财务公开的内容、程序、形式和时效进行审查。对有疑问的事项，督促村民委员会在 10 个工作日内予以答复和处理。(4)组织开展对村级集体“三资”管理的监督。重点对财务收支事项进行审查，对村级集体投资经营情况和集体土地房屋、山林、矿产开发等资产、资源处置情况实行全过程监督。(5)组织开展对村工程建设项目实施情况的监督。对工程建设项目从立项、招投标、施工、质量验收到资金预决算及支付等全过程实施监督，重点对村级建设项目是否按照规定进行公开招投标，是否存在项目拆分招标，村级组织班子成员及其近亲属是否参与项目的投标或承包以及招投标结果是否公开等情况进行监督。(6)组织开展对村民委员会成员执行中央《农村基层干部廉洁履行职责若干规定（试行）》

的情况进行监督，督促其严格遵守“5个严禁、22个不准”的行为规范。村务监督委员会主任每周在村里工作时间原则上不少于3天。除组织开展好村务监督日常工作外，其余时间参与村级便民服务中心相关工作和开展民情走访等活动。

2004年6月18日，武义县后陈村创建了全国首个村务监督委员会。后陈村有347户，近900名村民，城市化为该村带来大量征地款。2004年前，村里陆续被征用1000多亩土地，村集体能支配的征地款有上千万元。由于财务不透明，以及一些村干部以权谋私，连续两任村党支部书记受到党纪处理，矛盾比较集中，干群关系比较紧张。当时，武义县委决定在后陈村进行村务监督委员会制度创新试点，从源头上探寻促进农村社会和谐稳定的解决之道。在后陈村的村务公开栏前，笔者注意到，一些财务收支等内容都公布得非常详细，下面盖有村监委会审核后的签名和公章。一些村民表示，自从有了村监委会机构，这些年来，民主监督已经融入村民日常生活。金华市武义县后陈村首创村务监督委员会以来，已连续10年实现村干部“零违纪”、村民“零上访”。①

---

① 《中国第一个“村务监督委员会”实现10年“零上访”》，新华网浙江频道：http://www.zj.xinhuanet.com/newscenter/focus/2015-06/30/c_1115772179.htm，2015年6月30日访问。

第五章　一分耕耘，一分收获——有力的基层法治保障

法治保障是基层民主建设的依靠，是支撑民主法治砥砺前行的关键。基层民主法治建设既要发挥党的领导核心作用，又要依靠广大法治人才队伍的中坚力量，还要培育全体基层群众的法治意识。唯其如此，基层民主法治建设才有坚实的基础和保障。

第一节　党的领导核心作用

党是社会主义各项事业的领导核心，"必须把坚持和加强党的领导与民主法制建设、推进依法治市有机结合起来，正确处理好党的领导、发扬民主、依法办事三者的关系，充分发挥地方党委和农村基层党组织的领导核心作用和战斗堡垒作用"①。为贯彻落实中共十八届四中全会精神和习近平总书记考察浙江时的重要讲话精神，中共浙江省委七次全会通过了《中共浙江省委关于全面加强基层党组织和基层政权建设的决定》，该《决定》提出：充分发挥基层党组织在全面深化法治浙江建设中的重要作用，教育引导基层党员干部带头尊法学法守法用法，推动基层工作依法开展、基层事务依法办理、基层问题依法解决。②《决定》对推进新时期浙江基层民主法治建设具有重要的指导意义。

---

①　曹能新：《依法推进农村基层民主政治建》，《党建研究》2000 年第 1 期。

②　《中共浙江省委关于全面加强基层党组织和基层政权建设的决定》，《浙江日报》2015 年 6 月 29 日第 1 版。

一、上级党委的保障作用

上级党委在推进基层民主法治建设中发挥了重要作用，是基层民主法治建设的指挥员、协调员和保障者。上级党委通过出台一系列规范性文件为基层民主法治建设保驾护航。

没有规矩，不成方圆。规范性文件既是民主法治建设的依据，亦是基层民主法治实施的根本保障，还是民主法治成果巩固的重要载体。在基层民主法治进程中，中央、浙江省委出台了一系列规范性文件。如自党的十八大以来，中央出台了《中共中央关于全面深化改革若干重大问题的决定》《中共中央关于全面推进依法治国若干重大问题的决定》等文件，均对基层民主法治建设作了重要指示和规定。中共十八届三中全会通过的《中共中央关于全面深化改革若干重大问题的决定》指出：发展基层民主。畅通民主渠道，健全基层选举、议事、公开、述职、问责等机制。开展形式多样的基层民主协商，推进基层协商制度化，建立健全居民、村民监督机制，促进群众在城乡社区治理、基层公共事务和公益事业中依法自我管理、自我服务、自我教育、自我监督。[①] 中共十八届四中全会通过的《中共中央关于全面推进依法治国若干重大问题的决定》明确提出：全面推进依法治国，基础在基层，工作重点在基层。[②]

浙江省就基层法治建设专门出台了《中共浙江省委关于加强"法治浙江"基层基础建设的意见》(浙委〔2011〕85 号)。基层民主法治建设既是依法治国的重要内容，也是重要的基础支撑。[③] 之后，十三届浙江省委六次全会通过的《中共浙江省委关于全面深化

---

① 《中共中央关于全面深化改革若干重大问题的决定》，中国共产党新闻网：http://cpc.people.com.cn/n/2013/1115/c64094－23559163.html，2013 年 11 月 15 日访问。

② 《中共中央关于全面推进依法治国若干重大问题的决定》，《人民日报》2014 年 10 月 29 日第 1 版。

③ 朱全宝：《"五新"助推宁波基层民主法治建设》，《宁波日报》2015 年 6 月 16 日第 A9 版。

法治浙江建设的决定》进一步指出：夯实法治建设的基层基础。[①]为认真落实中央和省委、省政府关于加强"两所一庭"建设的要求，充分发挥基层司法所在建设"平安浙江""法治浙江"和构建和谐社会中的基础作用，中共浙江省委办公厅、省政府办公厅发布了《关于进一步加强基层司法所建设的意见》(2007)。此外，中共浙江省委还牵头制定了《关于认真做好村级组织换届选举工作的意见》《浙江省村务监督委员会工作规程(试行)》《关于进一步健全完善村务公开和民主管理制度的通知》等一系列规范性文件以保障和推进基层民主法治建设。

在地方，此类保障基层民主法治建设的规范性文件更是不胜枚举，如湖州市《中共湖州市委办公室关于印发〈2013年建设"法治湖州"工作要点〉和〈2013年建设"法治湖州"重点项目〉的通知》(湖委办〔2013〕24号)，针对基层乡镇(街道)的法治建设，中共湖州市委建设"法治湖州"工作领导小组办公室于2013年12月27日还专门印发了《关于加强乡镇(街道)法治建设的意见》(湖委法治办〔2013〕24号)。温州市委办、市政府办联合下发了《关于进一步加强司法所建设的意见》(温委办〔2008〕220号)；宁波市委办公厅、市政府办公厅联合下发了《关于进一步深入开展"民主法治示范村(社区)"创建工作的通知》(甬党办〔2008〕45号)；等等。

二、基层党组织的核心功能

嘉兴海宁市马桥街道先锋村在创建过程中，切实加强以村级党组织为核心的"民主法治村"创建工作组织建设，及时召开村三副班子会议，成立了民主法治建设领导小组和村民主法治建设宣传领导小组，由村党委书记担任组长，村委小组组长担任联络员，促进创建工作的有序开展。海洲街道东长社区充分发挥法律顾问在民主法治建设中的作用，深化村(社区)法律顾问服务工作，邀请

---

① 《中共浙江省委关于全面深化法治浙江建设的决定》，《浙江日报》2014年12月15日第1版。

海翔律师事务所唐力律师作为社区的法律顾问，协助社区按照市委市政府的统一部署，依法配合实施“三改一拆”、医患纠纷、房屋拆迁等重点工作，及时为老百姓提供便捷的法律咨询和法律服务，宣传法律法规和相关政策，教育引导广大群众善于运用法律手段维护自身的合法权益，增强法制理念和用法意识。

台州仙居县委规定：村党支部与村民委员会是领导与被领导的关系。凡涉及村内经济、社会发展等重大问题，从决策议题的提出、决策过程的组织到决策通过后的实施，都要在村党组织的领导下进行。黄璋说：“我们特别强调党支部决策的领导作用，加大党员在村民代表中的比例。”因此仙居县委探索出这样的机制：村党组织领导的村民自治运行机制。仙居县还对村党组织换届选举实行“公推直选”：通过群众信任度测评、党员评议推荐等途径，择优确定候选人，提交党员大会选举产生村党组织领导班子成员，以确立和保障基层党组织的核心领导地位。

第二节　法治人才队伍建设

一、“一村一法律顾问”制度

宁波“一村一法律顾问”制度，2007 年先行试点、2008 年全市推广、2009 年全面深化，政府欢迎、律师乐意、群众得实惠，在发展农村经济、维护农村稳定方面发挥了积极作用。目前全市 2520 个行政村基本上每村配备一名法律顾问，70% 的社区也配有法律顾问。

宁波市司法局党委副书记、常务副局长、新闻发言人吕强介绍说，宁波市“一村一法律顾问”制度按照全市每个行政村都有 1 名执业律师，以挂钩结对的形式给每个村聘请法律顾问，通过深入基层一线的上门服务、定点服务和及时服务，努力为农村、农民提供优质高效的法律服务。

农村法律顾问针对农村经济社会发展中出现的大量法律服务

需求，结合农村宅基地、土地承包、婚姻家庭、邻里纠纷、劳务合同等问题，选择与农业、农村、农民生产生活息息相关的法律法规，采用集中培训、法制讲座、法律咨询和案例讲解等多种形式，灵活多样地开展普法教育，同时通过与农民面对面，解答他们提出的与生产、生活密切相关的婚姻继承、劳动争议、赡养、人身损害等方面问题，有效引导村干部依法办事，引导群众依法维权。

农村法律顾问积极参与基层调解组织建设，参与农村各类纠纷的调解和指导，依托基层调解组织等矛盾纠纷诉求渠道，切实引导农民学用结合，依法自主调节各种社会关系，依法自主处理解决矛盾纠纷，帮助农民依法化解纠纷，依法处理事务，依法维护权利，进一步巩固普法和依法治理的成果。

农村法律顾问在村公益事业的工程建设招投标，集体经济项目发包，村级集体资产转让、投资，集体山林、土地等资产承包、租赁，征用、征收土地各项补偿费的分配和使用等方面积极提供法律顾问意见和诉讼解决办法，找到依法解决的新渠道。同时帮助村民解决法律难题，引导村民依法经营、依法维权。

村民间有矛盾，除了找“老娘舅”、村干部，还能直接找村里的法律服务者。早在 2007 年，宁波推行驻村法律顾问制度，几乎每一个村都配了一个专业的法律顾问。而这种以公益性为主的司法援助和法律服务，现在越来越受村民的欢迎，被大家称为“法律管家”。2011 年 3 月，宁波宁海县强蛟镇加爵科村进行换届选举，村民林师傅家的女婿是入赘的，在该不该发选票上意见有分歧。按照当地乡俗，外来人口是空挂户，不享受任何权利。可村里觉得不发选票不太妥当，只能去求助村法律顾问。严世林是该村的法律顾问，了解缘由后，他认为林家女婿应该享受选举权，还翻出《中华人民共和国选举法》，法律条文写得很明白。但村干部说，如果让林师傅的女婿参加选举，就等于“破戒”，担心其他村民不服。严律师提议，由他出面，拟定一份户口挂靠协议书，明确了林女婿的选举权和被选举权。严律师还了解到，上门女婿没有选举权的陋习，在整个强蛟镇都普遍存在。事后，他将这个情况反映给镇里，不久强蛟镇废除这条陋习，上门女婿一律恢复选举权和被选举权。

近年来，农村经济飞快发展，土地征用、房屋拆迁中的问题和矛盾却层出不穷。从2007年9月开始，宁波市司法局根据市委、市政府的相关文件精神，在全市普及农村法律顾问制度。一个村配一个律师，想法很好，但当时宁波市共有行政村2650个，律师事务所却只有81家，律师723名。因此，"一村一律师"也改为"一村一法律顾问"。基层法律服务所的435名基层法律工作者也加入了为村民提供法律服务的队伍。每位法律服务人员要每月联系一次服务村，做到一村一卷，一事一记，一事一档。"现在就连最偏远的小村庄，也会有律师上门提供服务的。"宁波市司法局律师管理处处长王明珍说。截至2010年5月，全市2562个行政村建立了法律顾问制度，覆盖率达99.14%。近年来全市律师、基层法律服务工作者在担任农村法律顾问中，处理群体纠纷1031件，涉及9453人，参与调解纠纷3315件，涉及10272人，维护了一方的平安与稳定。

二、"基层法治促进员"制度

基层的和谐稳定，归根到底离不开依法治理。基层是法制建设的基础和重要阵地。近年来，宁波多措并举，坚持工作重心下移，把基础放在基层、重点放在基层、关爱送到基层，切实加强基层依法治理工作。

宁波于2010年首创基层法治促进员制度，选拔业务素质好的政法部门中层干部进农村、入社区，推进基层法治建设。截至目前，全市共有基层法治促进员1860人，解答政策咨询、开展法制教育、排查化解矛盾纠纷、解决实际问题等10万余次(起)，成为维护和谐稳定、推进法治宁波建设的重要力量。

"基层是大量社会矛盾的源头，尤其是随着我市城市化进程的加快，涉及土地征用、拆迁安置、农村改革发展等方面的矛盾日益增多，已成为社会管理的难点。"宁波市政法委相关负责人介绍，基层法治促进员最重要的职责，就是引导基层群众增强法律意识，让老百姓知法、懂法、依法办事。"我们希望利用优秀的政法资源，为基层发展提供法律支撑，推动基层的法治建设。”

为了让基层法治促进员各尽其职，宁波市下发了《关于进一步深化基层法治促进员制度的意见》，建立“六个一”工作制度，即每位干警每半月到村（社区）工作至少半天，每月排查上报一次矛盾纠纷及不稳定因素，每季参加一次村居（社区）召开的会议，每年给基层群众上一堂法制教育课，每年走访一批基层群众，每年为基层解决一批实际问题。同时，还将基层法治促进员的主要职责确定为掌握社情民意、宣传政策法律、化解矛盾纠纷、指导民主法治、推进社会管理。

从2010年试点至今，5年来基层法治促进员充分发挥“参谋员”“信息员”“调处员”“宣讲员”的作用，利用举办法制课堂、提供法律援助等手段，延伸服务触角，有力推动了基层依法治理的步伐。以最早试点基层法治促进员制度的江北区为例，2013年全区累计受理群众来信来访324件（人/次），较2012年同比减少22%。

基层法治促进员在为群众排忧解难、化解矛盾纠纷、开展法律咨询服务的过程中，也提升了自身的工作能力和业务水平。“推行基层法治促进员制度，也是加强政法队伍自身建设的需要。通过与群众打交道的基层实践，有助于培养和锻炼政法队伍的法律素养。”宁波市政法委相关负责人说。

据统计，截至2014年底，宁波全市1860名基层法治促进员已覆盖了2177个社会矛盾突出、治安问题复杂、基层组织相对薄弱、重点工程建设任务多的重点村（社区），共走访群众152171次，解答政策咨询29629次，开展法制教育12401次，排查矛盾纠纷29365起，化解矛盾23901起，解决实际问题7594个。①

---

① 黄小芳、黄正华：《“法治宁波”实践：基层稳则全局安》，《宁波日报》2014年11月6日第A8版。

第三节 法治理念渐入人心

一、法治意识的增强

法治意识作为一种特殊形式的社会意识，是主体对法治现象的反映，是指作为独立的社会成员在实践中所形成的关于法治的心态、观念、知识和思想体系的总称。它要求人们在生活中以法作为自己行为的准则，积极主动地服从法律，遵从法律秩序，坚定地捍卫法律赋予的权利。它充分地反映了一个国家民众的法律认知水平以及基于这种认知水平而形成的对法律规范本身的确信和遵循程度。在很长一段时间里，甚至在未来还将持续。无论学术界还是非学术界，将法律意识与法治意识作为同一个概念使用已成为一种较为普遍的现象，很少有人将两者予以区分。实际上，法律意识与法治意识是两个不同的概念，二者并不能等同。一般来说，法律意识是人们关于法律和法律现象的思想、观点和心理的总称，它主要包括：人们对法的产生、本质、作用及其发展规律的看法，对现行法律制度和规范的认知、理解、评价和态度，对自己和他人权利、义务及其关系的认识，对人们行为的法律性评价等。法治意识是人们对法与法治的认知、情感、态度和意志等各种心理要素的有机综合，是符合法治建设要求的法律意识。它反映公民对法与法治的认识水平以及基于这种认知所形成的对法与法治的本质、效用、功能、目标与价值追求的基本态度及信任、依赖程度，是法律意识的最高级形态。相对于法律意识而言，法治意识更强调对法与法治的本质、价值、终极目标的认识、认同、信赖和尊崇。由于法治意识包含了所有促进法治发展的积极要素，符合法治精神要求，所以，被认为是法律制度健康运行以及法治建设的精神支持和动力保障。正如一个法制完备的社会并不一定是一个法治社会一样，一个具有法律意识的人不一定具有法治意识。法治国家的公民应当具备法治意识而不仅是法律意识。社会成员法治意识的状况直接反映着这个社会的法治化程度。没有与市场经济和民主政治相适应的现代法治意识的支持是不可能真正实现法治化的。我国是一个有着9亿多农民的国家①，农村的法治化建设是实现依法治国方略的主要环节，也是建设社会主义法治国家的重点和难点。而农民法治意识的状况直接影响着农村的法治化进程，影响着新农村建设以及和谐社会的构建。

法治意识是作为独立主体的社会成员对法律和法律现象的看法以及对法律规范认同的自觉程度最高的一种意识。这种意识的具备，无论对农民自身还是对于社会主义新农村建设来说都具有十分重要的意义。

其一，法治意识的培育有利于新型村(居)民的塑造。十七大报告指出："要统筹城乡发展，推进社会主义新农村建设，走中国特色的农业现代化道路，培育有文化、懂技术、会经营的新型农民。"那么，什么是新型农民呢？从法律角度看，新型农民最基本的一点就是要做到具有较高的思想道德素质和法律素质，熟悉党和国家有关农业与农村经济的方针政策、法律和法规。而法治意识对新型农民的培养具有两个方面的作用，一是通过人的法治观念的形成使其融入现代文明社会，养成通过民主参与选择和制定正当性的社会规则和秩序，并遵守由民主自治活动所形成的社会规则的习惯。二是使法治意识所包含的守法观念作为人的一般义务而发挥作用。法治意识能使农民建立现代的以法律为指导的行为模式，在社会生活中积极守法。一方面维护法律的尊严，法律禁止的行为不去做，不越雷池一步以身试法；另一方面，又能以自己的行动积极地去实现法律赋予的权利，对侵害自己权益的行为，能够拿

① 传统意义上的农民主要是指从事农业生产的劳动者。当前，我国正处在社会快速转型期，不少农村人员的身份处在脱节和变化之中，传统农民的概念已经不能适应目前中国农村社会的社会分化情况。因此，本文研究的农民是一种地域身份，即"农村居民"，包括在农村从事种养业、手工业、工业(乡镇企业)和商业的所有职业人群。

起法律武器坚定地去捍卫。因此，拥有较高法治意识的农民，抛却传统中的封建观念，培养起现代意识，能够做到知法、懂法、守法、用法和护法，这样的农民必定是新型农民。

其二，农民法治意识的培育有利于和谐新农村秩序的构建。实现法治是建设和谐社会的根本保证，没有较高的法治意识，法治将被架空，无法真正地实然化。农民法治意识对于构建和谐的农村秩序不可或缺。可以说，要想实现依法治村的目标，构建和谐的新农村社会秩序，实现社会主义新农村建设的顺利发展，必须赋予建设新农村的主体——农民以法治意识，这是我国法治建设的基础，也是社会主义新农村建设的根本保障。①

法治意识的普遍树立，使法治产生了强大的动力，也使社会的一切活动被纳入到法律的范围内进行思考，直接影响到人们的行为模式的选择。目前，农村的法治秩序，尤其是治安形势还很严峻。因此，培育农民个体的法治意识，使人们从心理、情感上将符合法治要求的、正义的法律内化为自己的法治意识，守法就是顺其自然、不费力的事情。如果忽视农民法治意识淡薄的现状，就会如英格尔斯所深刻揭示的："再完美的现代制度和管理方式，再先进的技术工艺，也会在一群传统人的手中变成废纸一堆。"②因此，只有农民的法治意识真正提高了，现有的制度、规则才能被遵从，依法治村的目标才能够真正实现，这样，大部分人都依法办事，不去违法，不去侵犯他人的权利，纵然产生了矛盾纠纷，也不以暴力等非法途径解决，农村社会秩序必然会良性化、和谐化发展，农民自然能安其居而乐其业。

笔者在浙江丽水对农村年满 18 周岁的农民进行了一次问卷

---

① 王永明、李丽：《社会主义新农村建设中农民法治意识现状及原因探析》，《学术交流》2010 年第 1 期。

② ［美］英格尔斯：《人的现代化》，殷陆君译，四川人民出版社 1985 年版，第 4 页。

调查[①]，结果发现，当前我国农民的传统法律观念正逐步被现代法治意识所取代，简单而笼统地用“十分模糊”“极不规范”“十分淡薄”“极其匮乏”“不了解也不愿意了解法律”“漠视法律权威”“不尊重、不信任法律”甚至“人治意识强于法治意识”等来描述当前我国农民的法治意识是不完整的、不恰当的，也是不科学的。

首先，农民对法治知识有了解。本次调查设置了“你听说过下列哪些法律、法规的名称”这道多选题，结果显示，所有农民都至少知道2部法律的名称，而且人均填答个数达到12.36，与1990年中南政法学院的几位学者在湖北农村的调查结果相比确实有了很大的提高。当时13.7%的农民一个法律名称也写不出来，只有86.3%的农民至少知道一种法律的名称，人均填答数只有3.7个。[②] 在调查中，绝大多数农民已经认识到法律在保护公民权利、维护公民利益方面的作用，更可喜的是一部分农民已经认识到了法律在限制政府权力滥用方面的作用。其中，有71.38%的农民认为法律的用途是保护人们的利益，有12.26%的农民认为法律既管老百姓也限制政府，有2.73%的农民认为法律就是老百姓用来限制政府的，有86.35%的人认为法律存在的意义是追求社会公正与维护老百姓的权益，有58.97%的农民知道自己的权利和义务，有89.05%的农民认为自己有选举别人和被别人选举的权利……另外，虽然还有7.31%的人不知道什么是“依法治国”，但是其他人对此都有一定的了解。其中，有48.92%的人基本明白“依法治国”的内涵。可见，当前农民对法律与法治的了解逐渐深入，对其认识也较以往全面、科学。虽然与农村法治化进程的要求依然有一定差

---

① 本次调查涉及浙江省丽水市的9个县（市、区），共发出问卷1500份，收回有效问卷1382份，被调查者中18—25周岁的206人，26—39周岁的327人，40—59周岁的783人，60周岁以上的66人；文化程度在小学及小学以下的182人，初中的523人，高中、中专、技校、职校的558人，大专及以上的129人。

② 郑永流：《农民法律意识与农村法律发展》，中国政法大学出版社2004年版，第6—26页。

距，但绝不能简单地将其概括为“十分贫乏”。

其次，农民对法治建设不排斥。在许多人的印象中，农民往往偏好人治而不喜欢法治，他们对法与法治的态度冷漠，觉得这些与自己没有关系，也不愿意了解和接触。但从调查中发现，农民对法与法治的态度不再冷漠与排斥。首先，农民了解法律的意愿不断增强。在调查中，没有一个人表示不愿意了解法律，每个人都列出了自己最想要了解的法律知识。其中，想了解诉讼法的占22.57％，想了解有关中央减轻农民负担方面的法律文件的占49.65％，想了解有关婚姻、财产继承方面的法律的占12.17％，想了解刑法的占8.96％，其他占6.75％。其次，法治代替人治成为绝大多数农民的选择。虽然在调查中还有7.32％的人认为人治比法治好，有18.19％的人认为两者都好，有9.3％的人认为无所谓，但已经有65.19％的人认为法治比人治好。除了有3.86％的人不知道，有4.1％的人认为无所谓外，91.61％的农民认为我国有必要进行法治建设，只有0.43％的人认为法治建设没有必要。这说明随着依法治国方略的实施，法治理念逐渐被农民认同和接受，依法治国、建设社会主义法治国家已经成为绝大多数农民的共识。

再次，农民对法治作用日渐重视。人们一直认为农民普遍“重政策、轻法律”“崇拜权力”“依赖伦理道德和习惯”，但在调查中发现，法律在农民心目中的地位已经逐渐超过了权力、政策以及乡规民俗和习惯，大多数农民都不再“轻法”。第一，法的作用逐渐为农民所认识和重视。调查中虽然还有19.72％的人认为法律不是太重要，有3.47％的人认为法律基本没用，但已有78.81％的人认为法律在现实生活中非常有用或比较有用。有76.12％的农民认为同过去相比法律在生活中的作用加强了。第二，农民对权力的崇拜程度大大降低。虽然在调查中还有31.36％的农民认为权大于法，但已经有63.85％的农民认为法大于权。较2005年有学者在秦东农村的调查结果“44.7％的人认为法大于权，21％的人认为权大于法”有了较大的改观。① 第三，重政策、轻法律的情况也逐渐改善。调查中除了16.25%的人不清楚，17.36%的人认为差不多外；已有48.21%的人认为法律更重要、效力更高，只有18.18%的人认为政策比法律重要、政策的效力更高。第四，虽然还有9.46%的农民认为乡规民俗、村规民约、习惯等民间法比国家法重要，有26.71%的农民认为两者一样重要，但有59.39%的农民还是认为国家法更重要。

再次，农民的守法意识有提高。许多人认为，农民的守法意识是比较薄弱的，即使是遵守法律也是由于惧怕制裁，比较被动消极。但是通过调查我们发现，农民的守法意识有了很大提高。比如在被问到“在过马路时遇上红灯，但前后左右都没有车辆、行人通过，您会怎样做?”时，有79.28%的人选等待绿灯亮时再通过，有16.4%的人认为没必要等待可直接通过，有10.37%的人认为怎么做都无所谓。当被问到“如果您觉得法律不公正，您会怎么办?”时，有12.58%的人选择“既然法不好就可以不遵守”；有16.75%的人选择“社会总是要有法的，不好的法也是法，所以还是要遵守”；有22.46%的人选择“因为不守法就要被制裁，所以还是要遵守”。不过，由此我们应该看到已经有41.09%的人选择“在守法的同时想办法反映意见，修改法律”，这表明农民的参与意识逐渐增强，消极的守法意识逐渐被积极的守法意识所取代。

最后，农民的诉讼情感趋理性。不少人认为，农民的“维权意识十分淡薄”，他们“盼清官、求无讼”，“耻讼、惧讼、拒讼、厌讼”。但调查结果显示，这种评价对当前我国农民而言并不十分确切。第一，农民的诉讼意识已经有所增强。在调查中已经有61.28%的农民在权益受到侵害时，首先想到拿起法律的武器来保护自己。第二，农民的维权意识并非十分淡薄。许多人认为，农民在合法权益受到侵害后没有选择法律诉讼是因为其“维权意识十分淡薄”。

---

① 段晓梅等:《秦东地区农民法律意识现状的调查分析》,《唐都学刊》2005年第4期。

其实这种判断是不科学的。维权意识的强弱与是否提起诉讼之间不是完全对应的关系。不选择法律诉讼不等于没有维权意识。因为法律诉讼本来就不是解决纠纷的唯一途径，且并非在任何时候都是最佳途径。比如在购物时遭到商场保安人员无理搜查随身携带的物品，除了16.3%的农民选择忍让，其余83.7%的农民都是有维权意识的，只不过大多数人选择找商场领导或消费者协会解决，只有7.33%的人选择法律诉讼。当政府侵犯了自己的合法权益时，虽然只有21.65%的农民选择去人民法院告政府，但这也不代表农民的维权意识淡薄，因为还有16.65%的人找该级政府说理，有46.54%的人找上级政府解决或者上访。这些人也在维权，只是没有通过诉讼途径来维权而已。第三，绝大多数农民不愿意打官司的主要原因也不是传统认为的耻讼、惧讼、厌讼，而是因为诉讼的成本高以及担心司法可能不公正。其中，有42.59%的农民不愿意打官司是因为成本高，有11.27%的人是因为司法效率低，有11.16%的人是因为司法可能不公正，有30.96%的人是因为“对方有人”，只有4.02%的人是担心影响在本地的名声。第四，农民的清官意识逐渐减弱。比如在被问到“如果选择打官司，你会请哪些人帮助你?”时，有57.15%的人选律师，选择大小官员的只占15.89%，有77.36%的人认为打赢官司最关键的是有充足的证据和法律依据，有10.02%的人认为是请个好律师，只有12.62%的人认为是遇到一个好法官。

现代法治就是要培养有现代意识的法律主体，增强法律主体自觉选择能力，对自己权利义务观念有明确表达；而且法律主体主动参与法律实践，表达权利要求，能以自己的行为自觉地适应现代化发展要求。因此现代化不仅仅表现为制度安排，还要有社会主体主动实践现代化的精神，自觉地进行现代化的精神生产、物质生产和文化生产。如果一个现代社会不能促使公众对法律的积极参与，现代的精神气质不可能造就现代独立的人格主体，也不可能产生现代法治观念。正如托克维尔所言：“没有民情的权威就不可能建立自由的权威,而没有信仰也不可能养成民情”①。法律的现代化就是要培养现代的法律人格主体,具体而言,即是要求法律主体的平等性,体现人的“现代性”理念;法律主体在法律关系中是自觉的主体;同时要求法律必须是法律主体认同、信仰的法律。

首先,现代社会必须保障农民的平等权利,体现法治的“现代性”理念。第一,要保障农民的平等权。美国学者德沃金认为:“政府必须让它所统治的人过上更好的生活,它必须对每个人的生活给予平等的关切。”②农民平等权作为农民宪法权利的一项基本权利类型,其宪政意义不仅在于它为农民人权的终极价值提供了超自然的元权利,而且还在于它为农民其他各项宪法权利的实际享有提供了有效的保障和救济手段。首先,《宪法》第45条专门规定了老人作为特定主体物质帮助权,而《宪法》第44条之规定以列举权利主体的方式否定农民享有退休物质保障权,这种以职业为依据将农民与职工和国家机关工作人员进行区分,是对农民应有权利的不正当对待。其次,一些公认的基本权利,如居住和迁徙自由权没有在宪法中体现,主要出于对农民的限制。为此,国家必须转变法治观念。即在法治之下,由于“一个共和国的自由存在于法律的王国之中,缺乏法律便会使它遭受暴君的恶政”③。理想的法治社会必须遵循“已成立的法律获得普遍的服从,而大家所服从的法律又应该本身是制定得良好的法律”④。因而,国家要想真正实现对农民宪法权利的平等保护,必须树立“以人为本”“公平至上”的宪法理念。即国家在制定和执行相关法律时,必须充分尊重包括农民在内的每一个社会成员,必须将每一个农民都当作目的而非

① [法]托克维尔:《论美国的民主(上)》,董果良译,商务印书馆1991年版,第14页。

② [美]德沃金:《至上的美德:平等的理论与实践》,冯克利译,江苏人民出版社2007年版,第128页。

③ [英]哈林顿:《大洋国》,何新译,商务印书馆1963年版,第125页。

④ [希]亚里士多德:《政治学》,吴寿彭译,商务印书馆1985年版,第199页。

手段来加以对待。具体来说,根据我国现行《宪法》第三十三条的规定,国家在履行农民宪法权利的尊重和保护义务时,必须进一步强化公平对待的宪法意识。国家应当确保为了消除农民在经济、社会和文化上的弱势地位进而使其获得"最低限度"的生活保障,同时给予农民特别的受益性保护措施以保障其对普遍人权内容的平等的、实质性的享有。

其次,要体现法治的现代性。中国现代化进程就是现代性取代"传统性"的过程,是一种法律理念的现代变迁过程。对"现代性"的认识问题实际上是对法律模式的一种认识和选择问题,因此法律的"现代性"既是一种价值分析,也是一种法律模式的制度分析,它深刻影响着法律现代化的方向。现代主义的法治观构造了宏大的叙事规则,凸显了人的理性、正义的价值,相信法律的预定性,从而塑造了现代的法治文明。法律的现代性可以为中国法制现代化提供借鉴。西方国家的法治文明是自发内生型,是自然演进的结果,带有很强的理性建构的色彩,它要求给出一定的社会发展的期望模型。对于目前的中国而言,主要是理性建构的自主选择型发展,是政府主导型的主动立法阶段,这种发展道路客观上要求确立一个参照系,因此对法律观的"现代性"分析以及"后现代性"分析对于中国法制的现代化建设是必要的,正如吉登斯所言:"现代性以前所未有的方式把我们抛离了所有类型的社会秩序的轨道,从而形成了其生活形态。在外延和内涵两方面,现代性卷入的变革比过往时代的绝大多数变迁特征都更加意义深远。在外延方面,他们确立了其跨越全球的社会联系方式;在内涵方面,它们正在改变我们日常生活中最熟悉和最带个人色彩的领域。"①现代性的理论影响非常巨大,它继承了现代化的理论,是影响法律价值观的现代因素。

再次,现代社会要求农民在法律关系中是自觉的主体。现代

---

① [英]安东尼·吉登斯:《现代性的后果》,田禾译,译林出版社 2000 年版,第 4 页。

法治也是一种主动参与的精神，要发动法律主体对法律产生高度的认可，法律主体"内在"里信仰法律。法治是法律主体选择法律、适应法律的过程，在这个过程中，法律主体不但要亲身实践，而且要自觉维护法律的尊严，养成守法的自觉性。我们不可能期望在中国农村依赖法律的权威并通过法律制裁手段让农民接受法律，被动地服从法律。法治应该是法律主体参与的事业，农村的法治建设只有在农村得到农民内在的信仰，才可能真正建立起来。"法治的意义在于给人们的行为提供有效的指引。"①农民只有建立起对法律的信仰，并且对自己的权利和义务观念有明确认识，才可能主动援引法律，保护自己的权益。

现代法治精神是社会公众根据公平的原则表达自己的法律要求。法律主体能够意识也应当自觉而主动地承担因其采取这种政治行动和法律行动而引起的一切法律责任。因此现代的法治精神不仅要有权利观念，还要有辨别并主动承担义务、责任观念。在中国农村单向的提法律保护也不完全，还要求法制能够以有效的途径让农民理解法律并且自觉遵守法律。

对法律的信仰和遵守是现代法治精神的内在动力。但是在大部分农民的心目中，法律是高高在上的。中国农村普法时间短，人们对法律的理解能力停留在国家主动援引的基础上。农民服从法律是为了免于惩罚，人们对法律往往抱着一种外在的旁观者的态度。"一种不可能唤起民众对法律不可动摇的忠诚的东西，怎么可能又有能力使民众愿意服从法律？"②法治原本就是一种偏重信仰的治国方略，法治的精神意蕴从来就是信仰——一种神圣的宗教

---

① 张文显：《二十世纪西方法哲学思潮研究》，法律出版社2006年版，第612页。

② [美]哈罗德·J.伯尔曼：《法律与宗教》，梁治平译，生活·读书·新知三联书店，1991年版，第43页。

般的信仰。[1] 现代法治最终要形成守法的传统，主动参与法制的精神，成为法律文化的一部分。法律文化是指特定文化传统所产生的法律观念或意识，同时也包括对法律自觉的信仰和遵守。由于信息传播渠道的畅通，世界市场的形成，法律制度形成了越来越多的关联性，形成了跨国的法律实践，法律文化也在发生着深刻的变化。影响法律文化的因素很多，表达法律文化的概念也很多。笔者并不想从文化概念的先验论出发。文化的模式很多，人们对待传统的认识分歧很大，讨论的标准很容易"中心化"。而且不同的信仰可能有不同的文化内涵，宗教、民族、国家、地域影响人类文明模式。我们不能武断地认为哪些是现代文明，哪些是传统的文明，即使是落后的文明也可能透视着先进文明发展的归宿。社会和谐可能很简单，不是能用现代化的进步观念来概括的。

最后，现代社会的法律应当是农民认同的法律。现代法律要获得社会主体的认同，形成守法的法律文化传统，保持对法律的热情和期待、认同与参与，必须保证法律是能够为社会接纳的法律。亚里士多德明确提出："我们应该注意到邦国虽有良法，要是人民不能全部遵循，仍然不能实现法治。法治应该包含两重意义：已成立的法律获得普遍的服从，而大家所服从的法律又应该是本身制定得良好的法律。"他认为："公民们都应遵守一邦所定的生活规则，让各人的行为有所约束，法律不应该被看作（和自由相对的）奴役，法律毋宁是拯救。"[2]法律要起到"定纷止争"的作用，要求法律首先是能够为社会认同的法律。

政治法律对于社会的意义有三：安全、秩序和正义。政权的建立有广大人民广泛的支持和同意，才有存在的理性的工具，才能获得稳定的秩序，这就需要权力来源的可靠性和合理性，只有法律制

---

① 姚建宗：《法律与发展研究导论》，吉林大学出版社 1998 年版，第 424 页。

② [希]亚里士多德：《政治学》，吴寿彭译，商务印书馆 1985 年版，第 276 页。

度获得了权威，秩序的建立才有了正义的标准。国家和法律制度的目的是实现安全、秩序、正义，并且通过国家和司法行为的暴力、权力、权威来获得。实际上政府法律制度运作的三种手段应该是互相协调的，它们之间的滥用或者垄断都可能造成社会的失序状态。国家的权力被赋予政府的司法行政官员，并且由他们行使，但是如果被滥用，最有可能的结果是社会暴力对抗政府的暴力。权力和权威建立在社会的广泛同意的基础之上，如果社会对法律制度支持的基础不存在了，那么社会就处于一种非正义的状态，政府法律制度也就不可能为人类提供公共服务。在国家借用三种手段实现社会控制的分析中，我们会发现它与其达到的三种社会状态不完全是目的和手段的关系，而是互为手段和目的的关系。国家和法律的暴力目的是为了安全，但是强调暴力有时候使政府的中心发生转移，在社会的不稳定时期，有时候位置重心发生转移，为了安全的需要和保障政府的权益而采取对社会的暴力统治。为了实现社会的秩序，必须赋予政府权力，但是以谋取权力为最高目标，权力成了手段，社会秩序的建立就无从说起。权力的实现必须通过伦理化的渠道才能达到，如果国家和司法行为没有获得伦理性的支持，国家和司法行为必然会遭到社会的谴责。因此要使法律成为法律主体认同的法律，就要使法律成为国家的安全阀、正义的维护者、秩序的守护神。

现代法的观念还是一种基于契约基础上的诚信意识，仅仅依靠伦理、道德是无法解决经济社会出现的问题的。法律要面对陌生人社会，建立交易的规则。农村需要法律为经济活动提供参照系，保护自己的经济权利，因为当农村社区逐渐被现代社会理念解体的时候，我们也的确再找不到可以信赖的淳朴的“乡土中国”。有研究者通过对湖北省农民法律意识调查的总体分析也得出类似结论：人们还依照传统的“人情社会”“礼俗社会”来界定当今的中国是不完全的，农村社会过去主要依赖人伦调整的历史已经过去。

这是我国现代化在农村进行成功组织动员的结果。① 现代社会是一个开放的社会，由于信息传播无所不至，我们发现革新和变革成为社会发展的主旋律。现代化以追求社会发展为目标，经济的现代化是最为引人注目的，如何实现经济的发展，是现代法治必须解决的问题。在现代化发展的过程中，市场交换成为影响社会生活的主要因素。现代的市场已经不是罗马法所调整的局部的市场，而是世界范围内的，因此对现代法的观念提出了更高的要求，市场经济最本质的法律特征乃是经济关系的契约化，建立法律关系可以保证双方的诚信原则。只有沿着经济关系契约化的总体方向推进经济关系的法治化，法律才能为市场提供有益的服务。

二、法治文化的培育

“天下事无大小皆决于上”，此为皇权社会不可逾越的规矩，“权大于法”“权力至上”之影响根深蒂固。中国五千年的文明史，民主政治的历史太短，传统政治文化中，以“仁政”为核心的德治等思想占主导地位，法律只起辅助作用，中国社会讲的是“情、理、法”，法居最末。法律往往被当成是迫不得已才采取的最后手段，并且日渐演绎为“道德的工具”“政治的工具”。而现实中“政策比法律来得快”“领导人的话就是法”等人治现象没有从根本上得到改变。因此，培育法治文化是建设社会主义法治社会的基石。法治文化是指与法治紧密关联，体现着法治的精神和理念、原则和制度、运作实践和生活方式，与人治文化相对立而存在的进步文化形态，其实质和核心是一种现代人的法文化共识、价值取向和行为方式。② 它不是一个中性描述意义上的一般法律文化概念，而是一个有着鲜明价值判断和价值取向的概念，它是一种与人治文化相对

---

① 郑永流、马协华、高其才等：《农民法律意识的现实变迁》，载李楯：《法律社会学》，中国政法大学出版社 1999 年版，第 466—469 页。

② [法]卢梭：《社会契约论》(第 2 卷)，何兆武译，商务印书馆 1980 年版，第 20 页。

立存在的先进文化、进步文化形态。

从现实观念来看，虽然现阶段崇尚自由、趋向独立、追求平等、重视权利已逐步成为人们普遍接受的观念，但“人治”文化积淀依然十分厚重，其深刻影响无法在短期内消除。具体来说，当前由“人治”文化遗留而生，并阻碍法治型人格塑造的落后观念主要表现在：一是重礼轻法的社会风气。受重德轻刑传统观念的影响，加上“和为贵、忍为上”的社会心理，厌法、贱刑观念在许多国人心中至今仍然挥之不去。二是遵例从众的认知方式。“遵例”即遵循惯例、陈陈相因、依成例行事；“从众”是随从大流，使个人屈服于外界压力，将言行纳入众人认可的正轨之中。循例从众使人们养成了以固定模式认知事物的惰性。由于自由往往同创造性思维相联系，限制思维的条条框框越少，人们的思想和行动便越自由；而民主的实现常常意味着传统权威（政治权威、思想权威等）受到挑战，人们越是不将传统权威奉若神明，民主的程度越高。因此，遵例从众的认知方式泯灭了人们的自由与民主意识。三是尊卑贵贱的等级观念。现在人们的权利意识、法律意识逐渐苏醒，但权利平等、法律平等观念至今尚未深入人心。在面对因职务、身份差异而产生的社会不公时，很多人往往只是认命或自认倒霉或仅止于口诛笔伐，很少人会奋力将权利平等与法律平等观念付诸实践。从权利、法律观念的萌生到权利平等、法律平等观念的真正树立，并非轻易就能完成的，需要经历一个漫长的过程。

一是尚法理念的培育。党的十八大报告强调：要“深入开展法制宣传教育，弘扬社会主义法治精神，树立社会主义法治理念，增强全社会学法遵法守法用法意识”。“尚法理念”要求干部思想上实现从“权力至上”向“宪法法律至上”的转变，行为上实现从人治向法治的转变。如果说“宪法法律至上”是法治国家的旗帜，“尚法精神”则无疑是撑托起这面旗帜的无可替代的旗手。

二是法律价值的认同。主体通过对价值的感受和认同，才将其转化为法律价值，它是法律信仰产生的主观前提。对法律的信仰归根结底体现着主体的价值追求与价值理想。因而，作为一名领导干部，在加强政治修养的同时，也要加强个人品德文化修养，追求正义，维护正义，培养民主作风，这样才有可能去尊重法律、遵守法律、信赖法律，最终完成信仰法律的理念塑造。

三是守法精神的倡导。日本著名法学家川岛武宜认为："大凡市民社会的法秩序没有作为法主体的个人的守法精神是不能维持的……如果没有守法精神，而仅靠权力是不能得以维持的。"①这段论述对我们领导干部很有启发意义。显然，只有当领导干部把自身置于现行法律制度之下并自觉维护现行法律制度时，法治意识才能真正形成。同时，党政机关也要建立对守法的激励机制，要特别把守法、尚法作为领导干部晋升或降职的重要考核标准，以制度导向促进法治形成。

三、法治信仰的树立

"法律必须被信仰，否则它将形同虚设。它不仅包含有人的理性和意志，而且还包含了他的情感，他的直觉和献身，以及他的信仰。"②如果我们希望法律的法定效力被转化为法律实效，如果行政要走向法治化，那么我们就不能不唤起和培养人们对法律的信仰。而首先培育一部分人——国家公职人员，尤其是领导干部的法律信仰，并以此促进全体社会成员信仰法律，就不失为推进法治的可行途径之一。

第一，培育权利意识。权利是法的内核，没有对权利的要求，也就无法产生对法的需要和渴望。权利意识与法律信仰是一种互动关系，权利意识的增强导致对法律的认知与对其价值的认同，有利于法律信仰的加强；反之，对法律的信仰也必将推动法意识的增强。用"权利意识"取代"权力至上"是领导干部法律信仰形成的基

---

① [日]川岛武宜：《现代化与法》，王志安等译，中国政法大学出版社1994年版，第19页。

② [美]哈罗德·J.伯尔曼：《法律与宗教》，梁治平译，中国政法大学出版社2003年版，第18页。

础，也是重要途径。领导干部的法律意识应包括以下几个方面：一是要认识自己作为人的价值，是有独立价值的存在，是不隶属于任何人的独立存在；二是尊重他人的主体性和权利；三是不断强化法律权威信念，从而以内心的原动力支撑起法律信仰的道德基础。

第二，构建制度正义。制度正义指的是社会基本结构的正义，包括社会制度、政治制度、法律制度、经济制度的正义。这里的制度正义主要指法律制度的正义。制度的正义性配置是指法律制度的各个环节不仅体现着社会正义而且能确保社会正义的实现。基于培育领导干部法律信仰的需要，在制度正义配置方面要把握好三个方面：首先是合理分权。合理分权包括两个层面：一是国家不同机关、部门之间职权的划分要合理，二是领导干部个人与集体之间的权限划分要合理。只有做到合理分权，才能减少内耗和保证法律、政令畅通，从而使各级领导干部感受到法律的普遍约束力，并能有效地行使法律赋予的职权。其次是责与权随。在合理分权的同时，明确责任，使领导干部强化责任意识，认识到法律的权威性。最后是加强监督。监督制度的确立，可以制约权力滥用，维护法律实施的统一。一套合乎正义的法律制度，从其设定到运作的全过程都应贯通保障权利与救济权利的道德与正义之品格，否则只要制度的某一环节之正义性遭到破坏，就足以动摇整个制度的正义性的根基，大凡因法律制度而引起的法律信仰的失落，在某一特定时期都具有全面性和整体性，它对法治化进程的消极影响将是持久和深远的。

第三，扬弃传统文化。思想决定观念，观念决定行动。培育法治文化，抓观念是重要一环，为此，一要正确对待传统法治思想。要发扬传统法治思想中对理性与道德价值的肯定部分，摒弃其将法作为封建权力附属物的落后性与人治性，使传统的合理因素为现代的人格理想所吸收并成为其中的有机要素之一。传统法观念中，礼作为人们由衷信奉的“自发的法律”，其地位远高于不得已而设立的消极的、被动的律令，而且出于维护社会的伦常秩序考虑，“国法”在实行中还必须受制于“人情”，此所谓“礼（理）所不容，国法不容”“法不外乎人情”。树立与法治要求相符的现代法观念，就必须明确法律的权威，形成法高于权、法大于情的社会风气。同时，由于法治本身蕴含了“符合道德”之意，因此完善法观念还必须使“道德”与“法律”相和谐，将道德价值作为法治的基础，让法治得到道德的支持。二要有理性的自由观和平等意识。个体自由是法治的基础性价值，作为与权力相抗衡的力量，其实现与否及实现程度往往成为判断权力与法律何者主宰社会以及界分人治与法治的一个标尺。合乎理性的自由是有秩序的自由，但秩序同样也必须是具有理性内涵的秩序，而非“人治”的一元化和单向的遵例从众、亦步亦趋。遵例从众的思维方式是“人治”文化的产物，只会扼杀自由，必须彻底弃除。平等是从自由引申而出的法治的实体价值之一。培养平等意识，主要是指“人治”影响日渐削弱以及政治平等平权、经济公平竞争规范的逐步确立；要树立个体的自主独立意识，消除传统依附型人格的不良影响。此外还必须清除“一言堂”“以言代法”等以各种面貌出现的家长制作风以及重权轻人、重权轻法等观念。

第四，培育法治人格。现代化不仅仅表现为制度安排，还要有社会主体主动实践现代化的精神，自觉地进行现代化的精神生产、物质生产和文化生产。如果一个现代社会不能促使公众对法律的积极参与，现代的精神气质不可能造就现代独立的人格主体，也不可能产生现代法治观念。正如托克维尔所言，“没有民情的权威就不可能建立自由的权威，而没有信仰也不可能养成民情”①。法的现代化就是要培养现代的法律人格主体。为此，主要对现代法治主体进行分类，抓好重点。现代法律人格主体主要有两大类，一是普通群众，二是官员群体。对普通群众，要进一步深入宣传社会主义法制，普法的模式与重点应结合群众所需、民众所要，增强普法的针对性和实效性。同时，可以将法制宣传融入当地的文化生活

---

① [法]托克维尔：《论美国的民主(上)》，董果良译，商务印书馆 1991 年版，第 14 页。

习俗中去,以喜闻乐见的形式让群众接受、让群众满意。对官员群体,重点在加强法治理念的培育和法治信仰的教育。官员“有法不依、执法不严、违法不究、滥用职权等现象仍然不同程度地在许多地方存在。究其原因,根本之处还在于法律信仰的缺失”①。因此,对官员而言,普法读物等法制宣传资料、普法考试等考量干部法律素质的制度,不能仅仅满足于法条知识的灌输与检验,更要注重法治意识、“宪法法律至上”理念的培育,注重权利本位、人民民主理念的引导,淡化干部的权力意识和特权观念,从根本上消除“权大于法,情大于法”的人治思想,使“有法必依,执法必严,违法必究”的法治意识铭刻于官员的内心。其次,在法治教育方面,党校、行政学院等干部教育培训机构,应从提高官员法治意识的高度,强化法治理念、法治精神的教育与传播。对此,可从教材编写、课程设置、教师素质等多个方面,引导干部逐步提高法治意识、树立法律信仰。如果我们的法制教育、法制宣传能够在普及知识的同时,更注重法治精神、法治意识的培育,并且持之以恒,那么在领导干部树立法律的信仰上就会事半功倍。

第四节　权利保障步入法治

法律是以保障权利实现为己任的,法在促进农村社会变迁过程中始终是围绕农民权利问题展开并发挥作用的。在我国,公民权利问题在理论和实践中越来越受到关注,特别是对占人口绝大多数的农民权利问题的研究也日益深入。农民是一个庞大的群体、一个沉重的身份,其权利实现状况直接影响着我国依法治国方略的成败,也直接决定着在中国能否实现人的全面发展。

---

①　李燕英:《论法律信仰与依法行政》,《中共云南省委党校学报》2007年第2期。

一、农民权利的内涵

法律上的权利，是与义务相对的法律关系主体享有某种作为或不作为的许可。我们所指称的农民权利，主要是指农民作为法律关系主体所享有的来自于法律所赋予的作为或不作为的许可。① 农民权利包括很多种，这里主要是指体现权利内容性质的农民人身权利、政治权利、经济权利、科学文化等方面的权利和诉讼权利以及这些权利在法律上的反映、体现和保护，包括基本权利和一般权利。关于农民权利通常有一种误解，认为农民作为公民，其权利与所有人是一样的，没有特殊研究的必要。其实不然，农民作为一类社会主体，特别是作为我国以政治和行政手段划定的特殊的社会主体，不仅享有宪法性法律规定的各项基本权利，还享有一些由普通法律针对农业、农村和农民特点所单独设定的权利。如土地承包经营权等，还有特定时期所赋的特定权利。即使是由宪法性法律赋予的基本权利，如选举权、被选举权以及监督权等政治权利，人格权、人身自由权、受教育权等基本人身权利，也由于农民特定的身份、职业、政治地位、经济状况、文化素养等而存在着许多权利状况和权利能力以及权利保障方面的不同。在中国，将农民的法定权利转变为现实权利是一件十分困难的事情，因此它不能与其他社会问题同日而语。这里仅列举几项涉及农村经济社会发展的重要权利进行讨论。

---

① 权利可以按照不同标准分为不同种类：按照公法、私法把权利划分为公权与私权；按照权利的重要程度可分为基本权利和一般权利；按照权利主体的类别可分为公民权利、国家权利和群体权利；按照权利内容的性质可分为人身权利、政治权利、济权利、科学文化方面的权利和诉讼权利等；按照权利相对义务人的范围可分为绝对权利和相对权利（又称对世权和对人权）；按照权利发生的因果联系可分为原权和救济权；按照权利之间固有的从属关系可分为主权利和从权利；按照权利有无转移性可分为专属权利和非专属权利。

(一)财产权

中央第六个、第七个“一号文件”都为了把增加农民收入作为重要的战略任务摆到重要日程上来,采取了一系列措施。而在决定农民收入的诸多因素中,财产权作为制度性基础是最重要的因素。这里的财产权也即通常所说的产权,“财产权简称产权,是主体拥有的对物和对象的最高的、排他占有权”①。农民收入,是指农民作为一个独立的商品生产者的全部经济利益。而这种利益的完整与保全,有赖于一个有效的产权制度安排。目前,农民产权的残缺不全主要表现在三个方面:一是现有农村土地制度框架中许多属于农民的产权范畴的权利缺失或扭曲;二是在农村涉及农民的一系列制度安排中,产权过分弱小,不少制度权利大于产权权利;三是农民已有的弱小产权也得不到基本关怀,并且财产权缺乏体系状态,往往是零敲碎打甚至是中道而废。农民的财产权完整并非要体现在土地完全属于农民个人私有上。在现行农村土地制度框架中,农民长期稳定的土地使用权、对公共资产的合理使用权及生产和再生产过程中完全自主的决策权、积累权等,构成农民作为独立商品生产者的产权的基本内容。农民产权实质内容的缺失或扭曲则突出表现在随意调整土地承包、随意收回农民承包土地、农民不能合理使用与生产有关的公共资源、农民的生产决策权受到干预等方面。这些问题出现的根本原因是,以家庭联产承包制为基础的农民生产者是从原来“集体经济”这种“经济共同体”演化出来的。因此,这种演化是否成功,取决于原来“经济共同体”的分解。如果原有“经济共同体”利益要以某种形式强化,农民的产权就要大打折扣。目前,在不少地方的城中村出现了取消“村”以“公司”代之的做法,这对于加快农村城市化、农民市民化、农业工业化进程是有积极意义的,但随之而来的是农民产权问题的凸显。众所周知,我国的村级组织是由原来的生产大队演化而来的,是由村

① 刘诗白:《产权新论》,西南财经政法大学出版社 1993 年版,第 133 页。

民“拉马入社”作为投资，经过多年劳动积累起来的集体所有的经济单位，其财产无论是来源于农业生产和再生产还是其他各类村办实体，都由全体村民集体所有。村民委员会只是它的法定代表者。那么，转变为企业公司后，原有的财产如何分配，产权如何界定就是其中的复杂问题。如果是以股份的形式分配给村民，那么，是按现有人数平均分配还是按原始时期的投入折股分配，原始投入以何为据？农民个体不同意加入新公司而要求撤出份额是否应当允许？如果是由新成立的公司掌控而不分配份额，农民只是该公司的职工，那么，农民自己的财产权利如何得到保障？至于撤村后农民是否应当得到市民所享有的所有待遇就更是复杂而尖锐的问题。因此，盲目撤村举动虽然新潮时尚，但已经面临法律困境并大有侵犯农民产权的嫌疑和现实危险。

人们在讨论民营企业的发展时，习惯于举起产权保护的大旗。其实，要让农民在改革中受益，促进农民增收，要点依然是产权问题，只是农民的产权保护要更加复杂。复杂的原因在于，它既面临着城乡二元体制的种种压抑，也面临着一些有悖于农村市场经济发展规律的政策措施的压抑，这样的双重束缚实际上都来源于负面的制度供给，使农民在与其他权利交易的过程中处于明显的弱势地位。农民产权缺失问题也引起了中央的关注，在2004年的“一号文件”中，虽然直接对农民产权问题着墨不多，但几项重要措施都在相当程度上推进了对农民各项权利的保护。比如，文件中没有采取任何强迫农民生产粮食的做法而是尊重农民的经营自主权，尊重农民的经济利益。这实际上保护了农民的使用土地生产决策权和产品交易自由权，保障进城就业农民的诸种合法权益。认为“进城就业农民工已经成为产业工人的重要组成部分”，要求推进大中城市户籍制度改革，这也改善了对农民劳动产权的保护。启动修改《土地管理法》，完善土地征用程序和补偿机制，提高补偿标准，改革分配办法，妥善安置失地农民，也是对农民利用土地权利的保护性措施。但也必须看到，保护农民产权仍然呈现着不同利益相互冲突的格局，虽然中央已经明确了不同利益的明细和平等保护的方向，公权与私权也正在寻找各自的定位，但失衡的现实格局仍然深刻地影响着未来的走向，这在土地使用权的问题上体现得最为明显。被征用土地的农民能否得到公正的补偿？在现存格局下是否需要进行彻底的市场化改革？这些都是有待证明的问题。但可以肯定的是，在权利之争的各环节，农民最需要的是重建公平正义，即在对法治懵懂的状态下深切地企盼着法治的到来。

（二）民主权

根据普遍认同的亚里士多德的法治思想，只有通过民主政治建立的法律才是良法，良法又必须以法律至上、权利本位作为它的精神内涵。而这正是我国法治化的难点之一。我国是一个封建历史悠久的国家，中国法律传统中从来就不存在实质意义上的法治。传统中国的社会结构，儒家文化的价值取向，法律制度的设置方式及其目的，都是义务导向型的，不利于权利意识的发展。法律至上、权利本位的思想从来没有在中国人，尤其是占人口绝大多数的中国农民心中扎下根，中国农民在政治参与方面历来缺乏主动性、积极性。因此，作为农民政治权利核心的民主权利也因不被重视而严重缺乏法律保障。在我国长期的封建历史中，农民被排斥在国家政治生活之外，没有任何权利，只能是绝对君主意志支配的政治客体，农民没有也不可能通过制度化的途径表达意愿。农村的矛盾在农民的逆来顺受中不断积累、激化，以致引起整个社会的大动荡，这正是我国历史上农民起义风起云涌的深刻原因。新中国成立之后，长期处于社会最底层的农民获得了政治上的解放，他们与工人阶级一起结成政治上的联盟，共同执掌人民民主的国家政权。但是，我国农民在实际政治权利的占有和利益表达机制方面与城市居民仍有很大的差别，这种差别也反映到了法律上。如 1953 年的《选举法》对农村与城市每一名代表所代表的人口数做了不同规定，即自治州、县为 4∶1，省、自治区为 5∶1，全国为 8∶1。这个比例一直延续到 1995 年，1986 年《选举法》才统一把各级人民代表选举中的农村与城市每一代表所代表的人数改为 4∶1；在直辖市、市、市辖区，规定农村每一位代表所代表的人口数，应多于市区每一代表所代表的人口数。从历届全国人大的构成来看，第一届有农民代表 63 人，占 5.14%；第二届 67 人，占 5.46%；第三届 209 人，占 6.87%；第四届 662 人，占 22.9%；第五届 720 人，占 20.59%；第六届 348 人，占 11.7%；第七届与工人代表合占 23%；第八届 280 人，占 9.4%；第九届 240 人，占 8%。由此可见，在历届全国人大代表名额中，农民所占的份额与其有 80%人口的事实极不相称。而且，即使按农村与城市的每一代表所代表的人口数为 8∶1 的理论模型设计，假设农村人口占 80%，城市人口占 20%，则农村选出的代表也应占到 33.3%，这与实际出入也很大。如果考虑到非农民代表也能代表农民的利益，那似乎能理解这一现象，但这样一来，对农村与城市每一位代表所代表的人口数做出不同的规定就没有意义了。对少数民族的政治平等权，国家则给予充分的尊重。少数民族人口占我国人口约 8%左右，在历届全国人大中所占的份额最低是四届人大的 9.4%，最高是七届人大的 15%，九届人大为 14.4%，这对于实现各民族的大团结发挥了积极的作用。在另一个社会各阶层参与国家生活的重要形式——人民政协中，农民委员就更少了，在七届全国政协的一千多名委员中仅有两名是农民。任何权利的背后，其保障机制都取决于政府与公民力量的对比关系，因为“宪法就是一张写着人民权利的纸。真正承认这些权利的保证在哪里呢？在于人民中意识到并且善于争取这些权利的各阶级的力量”①。与其他社会成员相比，农民也缺乏统一的群众组织，缺少自己的代言机构。工人有工会，妇女有妇联，青年有共青团，私营企业主有个体协会，还有其他各种各样的社团和协会，这些社会团体和群众组织能在一定程度上保护属于该组织的社会成员的利益。但在我国大陆却找不出一个农会或者代表农民利益的集团，农民缺少法定的维权组织。而世界其他国家，如美国

① 《列宁全集》第 12 卷，人民出版社 1987 年版，第 50 页。

农民有农民协会、农民联盟和农场局三大团体,日本则有全世界最大的全日农协联盟,我国台湾省也有被联合国和东南亚不少国家奉为楷模的台湾农会。可我国大陆农民作为有近九亿之众的世界上人口最多的群体,却没有一个能够代表自己利益的组织,中国农民的自我保护能力处在极其虚弱的状态,往往很难抵挡外界对自己合法权益的侵扰,对缘起于行政不作为而遭遇的权利困境更是“哑巴吃黄连”有苦难诉。农民既无法保障自己的权利,也无法通过政治参与影响国家的政策和行为。加之政治参与渠道残缺,各自承包经营,缺乏政治凝聚力和群体竞争力,分散的农民很难抗衡现代政治国家中不法权力的侵害,以致各种坑农、害农、伤农、卡农的事件不断发生,就连选举村委会成员这样最基本的民主权利也往往受到非正常运作的基层政权组织的干扰以及非法人员的恶意阻挠,农民却经常因为维权的软弱性和政治的冷漠性而无法拒斥,任凭宝贵的民主权利遭到肆意的欺凌和践踏。2004 年初,北京昌平区的姜屯村 280 名村民联名罢免不合民意的村委会全体成员,标志着农民民主权利开始复苏,也显现出法治在对农民民主权利保障上不可替代的作用。民主国家,一般来说也就是法治国家,世界各国通常把民主与法治二者等同起来。只有实行法治,才有可能实现民主,世界上不存在没有法治而实现了民主的国家。因此,法治是实现农村民主的基础和前提。

(三)市场平等权

平等交易是农民参与市场经济的必要条件,但目前从整体上来看,农民在市场交易中明显处于劣势地位。许多工业化积累阶段养成的剥夺农业和农民的恶习始终不改,使农民在参与市场交易过程中受非经济因素的影响较大,市场交易平等权利严重缺失。首先,我国农业尚处在由传统农业向现代农业转化的时期,处在借助畜力手工操作的生产力发展阶段,把这种状况的农业完全推向市场,其优胜劣汰的结果是可想而知的;其次,农业产品出售时,不但没有得到有效的保护,还要遭到人为的控制,农民进入市场仍然是障碍重重，或者出现过度的竞争，使农产品的预期利润难以实现；再次，农民在购买农用生产资料（如化肥、农药等）时，面对的却是卖方垄断市场，分散的农民没有能力通过谈判影响市场价格，不得不违心参加不平等交易；而在粮食出售时面对的又是买方市场，同样因为分散而没有价格谈判的能力，只好任人摆布。据国家统计局统计，仅 1995 年国产尿素价格即比上年上涨 50%，农药上涨 18%，农膜上涨 31%[①]，农民却根本不具备拒绝交易的条件。所以，在当前庞大的传统农业与比较发达的现代工业并存的情况下，国家对农业实施保护，使农民获得平等交易的权利，是国家为建设社会主义市场经济所必须支付的社会费用和发展成本。有学者认为，市场主体以其在经济运行中的职能为标准，可划分为投资者、经营者、消费者和劳动者。[②] 其中，从消费者角度看，农民市场主体平等权利的丧失不甚明显，其他三个方面都存在着农民作为市场主体在平等权利方面的缺陷。一是经营者角度。所谓经营者，即依法获准进入市场，从事商品生产经营的市场主体。经营可分为农业经营与非农业经营。农民作为经营者亦可分为农业经营者和非农业经营者。经营者在依法核定的经营范围内享有自主经营权，即在确定了具体的生产经营项目之后，经营者有权决定生产什么、生产多少、如何生产、如何定价等。农民的经营权可追溯至中国明清时期，通过历史演化，农民基本上具备比较完整的自主经营权，包括自由迁徙权、自由种植权、自由支配劳动时间权、自由支配劳动产品权、自由占有土地权。然而，就目前农民的经营情形看，社会似乎不仅没有进步反而是在倒退。作为农业经营者，农民要种什么、种多少、卖什么价、卖给谁，并非完全是自主的。换句话说，农民的土地承包权中除了占有权基本完整地赋予了农民之外，使用权、收益权和处分权都不同程度地受到了限制。在 20 多年的

① 杨宜勇等：《公平与效率》，今日中国出版社 1997 年版，第 95 页。

② 王全兴、汪敏：《浅论我国农民的市场主体地位》，《北京政法职业学院学报》2004 年第 5 期。

改革中，土地产权改革并没有与时俱进，土地使用权没有完全落实到农民手中。农民只是名义上的土地所有权人，实际上土地是国家控制下的集体所有，集体所有又等于集体没有，国家想什么时候征用就什么时候征用，想用来干什么就用来干什么。改革中出台的某些政策也在一定程度上限制了农民的自主经营权。例如，粮、棉、油合同定购政策限制了农民种什么以及种多少的自主权。并且，在市场价高于保护价时仍按保护价收购，这种限制农民自主定价权的做法在一定程度上损害了农民的利益。二是投资者角度。除了《乡镇企业法》对农民和农民集体可投资于乡镇企业做出规定外，几乎没有关于农民作为投资者的专门规定。对农民而言，土地是最重要的财产。然而，农民没有以土地进行投资的主体资格，这也来源于土地制度。商业性征地一直是先由政府强行将土地征收为国有，再将其使用权倒卖给开发商。即使在农民集体可以处置土地的场合，充当集体所有权主体的一般是村委会，或者可以说是村主任和村委会少数人。作为当地村民的社区性自治组织，村委会依法享有集体土地的发包权，并能依法通过一定程序调整农户的土地承包经营权。这种集体所有的、以前没有明确界定产权的土地制度和土地承包经营权的不稳定，导致乡镇政府和村社区组织掌握了土地产权中的让渡权和处置权，即调整土地资源的权力和对外交易土地资源的权力，农民仍然是两手空空。三是劳动者角度。劳动者是指在法定劳动年龄内具有劳动能力的公民，包括农业劳动者和非农业劳动者。农民作为劳动者，既可以是农业劳动者也可以是非农业劳动者。农民作为农业劳动者时其实就是农业经营者。在人民公社体制下，农民只是“将劳动力交付给土地”的农业劳动者，而不是农业经营者；实行联产承包责任制后，农民既是农业劳动者，也是农业经营者。此外，农民还有两种非常重要的非农业劳动者资格：(1)农村剩余劳动力。即实际处于失业状态的农民。这是不同于城镇失业人员的主体，虽然在一定程度上被纳入劳动法的调整范围，具备成为劳动法意义上劳动者的资格，但无资格享有失业保险待遇，其就业权的内容和实现条件与城镇失业人员处于不平等地位，在劳动力市场上受到源于正式制度和非正式制度的多种歧视。(2)农民工。即“离土又离乡”，在城镇受雇于用人单位的农民，不包括在乡镇企业劳动的农民和从事个体经营或自谋职业的农民。农民工与用人单位的劳动关系虽然受劳动法调整，但其劳动权利的实际享有水平明显低于城镇职工，尤其是很少被纳入城镇社会保险的覆盖范围，即使被纳入城镇社会保险覆盖范围的少量农民工，其社会保险待遇也低于城镇职工。可见，在相对于用人单位是弱者的劳动者中，农民工是更弱者。在党和国家高度重视“三农”问题的今天，针对农民的市场主体地位残缺的现状，有学者提出从减少农民与富裕农民并重、市场机制和政府干预并重、反歧视与偏重保护并重、国家保护与团体维权并重、经济支持与社会保障并重、增加农民收入与提高农民素质并重等六个方面赋予农民完整的市场主体地位。① 但可以肯定的是，这些原则措施如果不被纳入稳定的法律框架，是很难真正发挥长远和有效作用的。

(四)信息对称权

信息在市场运作中的作用已经为现代信息经济学所证明。我国的广大农民在大市场中处于信息弱势地位，农户与企业、政府以及跨国公司相比，掌握的信息极不对称。农民的这种信息弱势地位，在我国加入世贸组织之后显得尤为突出。这对于我国的农业产业结构调整，对于实现农业产业化，对于提高农业综合生产能力，对于增加农民收入、改善农民生活条件，都是极为不利的。形成我国农民在生产经营中信息弱势地位的根源主要在于：一是传统乡村社区信息循环受限制，因而缺少与外部世界的交流。我国是一个历史悠久的文明古国，千百年来，农民过着男耕女织、自给自足的生活。农民只有几样简单的生产工具，生产技术依靠父子、

---

① 王全兴、汪敏：《浅论我国农民的市场主体地位》，《北京政法职业学院学报》2004 年第 3 期。

师徒口耳相传。种植、养殖的项目和结构几千年来没有太大的变化。产品除自用外，几乎没有多少剩余，即使有剩余交换，社区集市就可以完成交换活动。信息来源单一，实际也不需要太多的信息。农民活动的地域主要在自己村里，除了走亲戚，很少出门。农民的通婚半径，一般不超过5千米，即使走亲戚，也走不了多远。各个家庭、各个村庄几乎是同质的，即使出了村，到了别的村庄也得不到多少新的生产经营信息。人民公社时期，农民的生产经营活动也只局限于公社范围之内，加之生产经营决策往往是由社队干部决定的，广大农民群众无须知道更多的信息。供销活动在生产资料公司、供销合作社和生产队之间进行，社员不参与决策。自由市场被取缔，也不须知道市场行情。物价是由政府决定的，甚至几十年都不波动，所以对物价信息也不需费神去搜集。只有到实行联产承包责任制之后，农户要自主进行生产、经营决策，农民才需要大量的信息。随着剩余产品的增多，产品需要在市场交换，这时才需要了解行情，所以农民的信息意识才逐渐增强。但是，由于农户生产规模小，剩余产品少，我国农村自然经济状态还没有完全改变，农民延续了千百年的生产方法和种养结构也没有多大的变化，信息的需求量是有限的。这就导致了我国农民的信息意识较差，获取信息的能力也得不到磨炼，在面对国内和国际大市场时，信息弱势地位显得更加突出，严重制约了农村经济的发展。二是农民文化程度低，阻碍了生产经营信息的获得和传递。我国有2亿多文盲，这些文盲大多数为农民。我国农村地区成人文盲占农村总人口的22.3％。在就业人口中，农业人口占74％。农村就业人口中，大学文化仅占0.21％，比全国平均水平低0.39％；高中文化占8.51％，比全国平均水平低2.03％；初中文化占21.4％，比全国平均水平低4.53％；小学文化程度占37.16％，比全国平均水平高出2.78％；文盲半文盲则占35.9％，比全国平均水平高出7.7％。文化程度低，阻碍了农民快捷、全面地掌握各种信息。特别是对农业劳动力中占35.9％的文盲半文盲而言，文化屏障把他们与现代社会隔离开来。三是农民收入少，难以支付高昂的生产经营信息成本。信息不是凭空而来的，信息的生产、收集、加工、储存、传递和使用需要成本，而我国农民的收入很有限，生产规模小，产量不大，信息成本相对来说高得多，一般农民很难支付得起方方面面的信息费用。1999年，我国农民人均纯收入为2210元，而其中衣食消费占去收入的67.4%，交通通讯、文教娱乐及服务消费仅占15.1%，即331.5元，仅够订阅一份大型日报。四是信息在上下传递过程中流失或被遮蔽。农业的生产经营活动需要接受国家政策的指导，这就需要政府通过各种渠道宣传国家的涉农政策和法规，使农民及时了解国家对哪些项目是支持的，哪些项目是限制的，以便及时调整自己的生产经营活动，顺应国家的大政方针和具体政策。同时，依法从事经营活动，也依法保护自身的合法权益。但实际情况却是，一方面农民因为接受信息能力差、购买信息的钱有限，只能得到有限的生产经营信息，另一方面，许多涉农信息有意无意地被遮蔽，无法传递给农民。①

我国农业领域严重的信息不对称现象，造成大量的生产盲动行为、逆向选择行为和市场道德风险，使农产品市场严重失灵。一是生产盲动行为。农民在不完全了解农产品市场信息和农业科技信息的情况下，为追求利益，根据片面的信息轻易做出决策，盲目生产，导致供给严重过剩，价格下跌，最终损失惨重。生产盲动性必然导致市场均衡的脆弱性和市场进入的盲目性，出现农产品供给短缺和过剩交替出现的现象。二是逆向选择。大多数农民知道自己信息不对称而采取逆向选择，将大量的资源配置到低科技含量、低附加值的大宗传统的农副产品如粮食、棉花、油料的生产上。逆向选择的结果导致我国农业产业结构难以得到有效调整，农产品市场供求失衡，供过于求与供不应求并存，农产品品质得不到有效的提高。三是市场道德风险。一些人利用农民的信息不对称来坑害农民。用假化肥、假种子、假农药等坑害农民行为屡禁不绝；

① 李君甫:《论中国农民在生产经营中的信息弱势地位》,《西北农林科技大学学报(社会科学版)》2003年第5期。

有的农产品收购人员任意压级压价；有人甚至利用假农业科技信息、种植和养殖信息欺骗农民。农民在承受着自然风险、政策风险、经营风险的同时，还由于信息不对称遭受严重的道德风险。因此，当前和今后一段时间内，政府农业支持政策应从我国国情出发，以减轻信息不对称和矫正信息不对称下的策略行为为重点，培育和完善农产品市场机制，以此引导农业产业结构的调整和农业产业的升级，从而提高农民的收入和我国农产品的国际竞争力。但是，解决农村市场经济中的信息不对称问题的治本之路仍然是法律规制，法律的一个基本作用就在于冲破信息阻断，降低交易不确定性。法律手段独有的稳定性、公开性、明确性和强制性，是解决农民和农村市场信息不对称，减少农民信息费用的根本出路。

二、农民权利的保障

虽然我国很多法律都对农民权利加以明确的宣告，但“徒法不足以自行”，权利宣告不过是解决了权利救济的依据，并不能使权利直接得以实现，还需要通过法律的实施使宣告的权利转化成实证的权利。当前，我国农民自主选择的权利救济措施，既包括国家通过正式制度安排所提供的公力救济，也包括农民自己所习惯认可的民间性的私力救济，还包括与正式制度分庭抗礼的违法违纲的灰色救济。从我国农民权利保障的现实需要和依法治国方略的角度，可以得出我国农村迫切需要从正式制度设计方面强化对农民的权利救济的基本结论。

（一）公力保障

对农民权利的公力救济，主要是宪法和法律保障、司法保障和行政保障三个方面。所谓权利保障是指防止权利受到侵害，确保权利最终实现的制度化保护。纵观世界各国的宪法和法律，对权利的保障无一例外地采取两种方式：其一是权利宣告；其二是为公民权利的实现提供条件。[①] 从哲学上讲,权利不纯粹是一种实体规范,而是主客观相统一的结果,是客观内容(利益)和主观形式(亭志)相统一的结果. 这种统一表现为人的行为的自由或自由的行为,即人们自觉地意识到或认识到了自身的正当利益,就要采取被社会所允许的一种积极主动的行为去获取它。[②] 对遭受侵害的具体权利的保护,不但是权利人对自己的义务,也是对社会的义务,权利人通过自己的权利来维护法律,并通过法律来维护社会不可或缺的秩序。[③] 权利保障也是目的正当性和手段正当性的有机统一,既不可以用非正当手段去实现正当权利,也不可以用正当手段去实现非正当权利,必须达到目的和手段的一致合理性,才能实现社会正义。按照这样的要求,农民权利救济的途径通常以公力救济为主。包括:第一,立法保障。就是通过宪法、法律或者我国参加的国际组织制定的准则、章程等规范性文件,对农民权利进行直接或间接的正式宣告。宪法历来被称为人权保障书,是包括农民权利在内的人权的最可靠保障。无论是人权原则、人权内容,还是人权的实现途径,都要由宪法做出规定,人权的实现和保障离不开宪法和宪政制度。给农民以真正的宪法关怀,使宪法赋予公民的一切权利都为农民所无一例外地享有并不受侵犯,是保障农民权利的最根本出路。我国现行宪法明确规定:“凡具有中华人民共和国国籍的人都是中华人民共和国公民。中华人民共和国公民在法律面前一律平等。任何公民享有宪法和法律规定的权利,同时必须履行宪法和法律规定的义务。”这种并没有区别农民还是市民的公民权利宣告方式本身已经赋予了农民不容置疑的平等权利,说

① 王果纯:《现代法理学——历史与理论》,湖南出版社 1995 年版,第 227—228 页。

② 文正邦:《当代法哲学研究与探索》,法律出版社 1999 年版,第 338 页。

③ [德]耶林:《为权利而斗争》,胡宝海译,载梁慧星:《民商法论丛》,法律出版社 1994 年版,第 37 页。

明宪法并不是农民被歧视的历史现实的始作俑者。国际人权文件也都严格禁止对身份、职业、种族等各方面的歧视。《世界人权宣言》第一条规定："人人生而自由，在尊严及权利上均为平等。他们富有理性和良心，并应以兄弟关系的精神相对待。"第二条规定："人人有资格享有本宣言所载的一切权利和自由，不分种族、肤色、性别、语言、宗教、政治或其他见解、国籍或社会出身、财产、出生或其他身份等任何区别。并且不得因一人所属的国家或领土的、政治的、行政的或者国际的地位之不同而有所区别，无论该领土是独立领土、托管领土、非自治领土或者处于其他任何主权受限制的情况之下。"第七条规定："法律之前人人平等，并有权享受法律的平等保护，不受任何歧视。人人有权享受平等保护，以免受违反本宣言的任何歧视行为以及煽动这种歧视的任何行为之害。"《公民权利和政治权利国际公约》第二十六条也规定："所有的人在法律前平等，并有权受法律的平等保护，无所歧视。在这方面，法律应禁止任何歧视并保证所有的人得到平等的和有效的保护，以免受基于种族、肤色、性别、语言、宗教、政治或其他见解、国籍或社会出身、财产、出生或其他身份等任何理由的歧视。"国际人权公约关于平等保护、禁止歧视的内容详细而明确，在我国宪法中也都有所体现。宪法上的平等权利包括：(1)公民的法律身份和法律人格平等。公民不得因性别、年龄、种族、信仰、职业、身份等因素而被区别对待。(2)所有公民平等地享有宪法和法律所规定的权利，平等地承担宪法和法律所规定的义务。(3)公民在适用法律上一律平等。(4)任何组织和公民不得有超越于宪法和法律之上的特权。因此，任何把农民权利与市民权利区别开来，从而苛减公民宪法权利的法律和行为都是违宪的，类似于《户口登记条例》之类削减公民权利的法律、法规，无疑是践踏和剥夺农民权利的制度安排。除了宪法和国际法律规范以外，我国颁布的一系列有关农业、农村、农民的法律、法规都是对农民权利的具体宣告，是农民权利救济的具体的规范依据。第二，司法保障。就是在权利受到侵犯或发生纠纷时通过诉讼来保障自己的权利。受封建社会法律镇压功能扩张和现实中司法腐败的影响，传统的“厌诉”观念对我国农民仍有很大的作用力，农民仍然将农村社会的和谐有序寄托于“无讼”状态，通常只把诉讼作为定纷止争的次优选择，这与西方社会在法治化过程中以司法救济为主流的传统有所不同。但是，随着农村市场经济体制逐步深入人心和农村民主与法治建设的逐步加强，特别是法律在农村经济和社会生活中越来越发挥着不可替代的作用，再加上普法宣传和农工的频繁流动逐步把法律话语传播到广大农民中间，农民“厌讼”“惧讼”心理有所缓解。司法救济虽然还不是农民最认可的方式，但这种来自于国家的正式制度安排一般不会被否认或坚决拒绝，成为解决纠纷、调节社会的重要力量。随着经济社会的发展和权利意识的不断增强，我国农村纠纷日益复杂化、多样化，从以往较小的财产纠纷逐渐扩展到包括人身权利和政治权利在内的各种侵权纠纷，利益冲突司空见惯，法律关系错综复杂。这样，民间调解或私了有时很难厘清其中的权利义务关系，尤其在需要证据保全与认定等技术性因素支持的情况下，司法以外的救济措施既缺乏有效性也缺乏合法性，只有寻求司法介入，通过严格的诉讼程序和法律适用才能合理地解决纷争。司法救济是冲破农村熟人社会人情关系的最佳方式。由于农村社区是一个熟人社会，甚至彼此沾亲带故，个人行为往往受他人行为的影响比较大，人际间的博弈需求比较广泛，有效地保护人际关系可以节约以后行为的成本。因此，农民养成了尽量通过相互协商或第三方的调解来解决纠纷的习惯，尽可能避免因经官动府而结下仇怨。其不利后果在于，自己的权利不能得到充分主张，权利保障大打折扣、水分多。而司法可以严格按照法律预设的模式解决利益冲突，并以国家强制力为保证，不受情感制约，可以最大限度地使合法权益得到保护。并且，市场经济使农村固有的熟人社会结构逐步向陌生人社会转型，陌生化带来的直接变化就是人与人之间权利义务关系的明确化。人际间的生疏使调解的可靠性越来越小，势必增强对司法救济的依赖。三是行政保障。这是指国家行政机关依照国家行政法规或地方性法规以及现行政策对农民权利的保护。

乡镇司法助理代表政府调处纠纷，也属于行政保障的范畴。至于村屯治保组织的纠纷调处功能，由于其地位和功能法定，也可以被视为准行政保障措施。与司法保障相比，行政保障力应当稍弱一些，也不是最后保障手段。但由于行政力量在我国农村社会和农民心目中处于强势地位，因此，农民对行政保障措施在农民权利救济上的期待比较高，依赖感也比较强。然而，随着农民权利意识的觉醒和市场经济对不当的行政权力行使的天然排斥，农村社会农民与行政权力之间的矛盾冲突频发。当这种矛盾不能通过各自的纠正得到平息时，除了上访等政治渠道外，必然导致行政诉讼，即民告官，使权利保障的最终途径升华到司法保障上来。总之，随着我国法治化进程的不断推进，公力救济必将成为中国农村权利保护的主渠道，这也正是法律对农村经济社会变迁发挥的最基本的作用。

（二）私力救济

所谓权利的私力救济是指农民在发生纠纷或自己的权利遭到侵害时，完全脱离法律规范和任何权力约束，主要依靠个人或第三人的力量来保护自身权利。在我国农村，普通农民采取私力救济方式来保护或恢复被侵害的权利的现象较为普遍，它有其独特的历史和现实原因。一是传统习惯的作用。虽然中国现在的成文法几乎可以规范社会生活的各个领域，但在一些农村地区，人们的行为更多的却是遵循长久以来形成的习惯，并不一定按照法律的规定行事。目前，很多学者都持这样一种看法，中国是乡土社会，乡土社会中实际发挥作用的往往是乡村里的习惯法。比如，农村中的财产继承问题，按照《中华人民共和国继承法》《中华人民共和国妇女权益保障法》《中华人民共和国婚姻法》等法律的规定，女儿不论是否出嫁对父母的财产享有与儿子同等的继承权，而在广大农村，这样的法律规定一般并不能得到执行。在农村，出嫁的女儿很少能够回娘家继承遗产，即使有时候没有儿子继承，往往也会被本家的侄儿接管去，轮不到亲生女儿，出嫁的女儿也很少要求继承遗产。究其原因,"出嫁的女儿将父母的房产留给叔伯兄弟是有道理的,因为这里还是她的娘家,有什么事,还可以来找本家的兄弟帮忙。如果她们取走了老家的房产,不是断了娘家的路吗,她们有事谁肯去帮忙呢?"①中国人历来重视亲情人情的作用,这一传统在改革开放二十几年后的今天并没有太大的改观,不论是在农村还是城市,只是在农村这点更为明显。上述的事例很典型地体现了这种习惯对于农民的影响。在权利救济方面,农民可能很少知道"私力救济"的概念,但私力救济的方式在农民的心中却有很重的分量。不论是把房产留给娘家人还是修家谱,基本的目的都是为了给自己保留更多的人情关系,也就是有更多的救济权利的资源。而且,中国传统法律文化所追求的价值取向可以说是"无讼"②,在某种意义上,"无讼"甚至可以说是终极的价值理想,由此导致中国农民向来把打官司看作是一件不太光彩的事情而产生极大的心理负担,一般不会把这种方式作为最优选择,而且,在相对封闭、流动性十分有限的农村社区中,以诉讼方式来解决纠纷会造成一些难以弥合的矛盾,这与乡土社会的生活方式是不相适应的。所以,在这种传统的作用下,许多农民在保护自己的权利时,首先选择的不是国家司法保护的力量,而是私人以及以此为中心扩散开去的亲戚朋友熟人圈所形成的力量。"如此看来,新制定的成文法与依然活跃在村民心中的习惯法相冲突的话,习惯法往往取得最后的胜利。"③二是纠纷成本的影响。从成本分析的角度看,私力救济具有方便、快捷和代价小的特点,比公力救济具有更大的优越性。如果把村民因为解决纠纷、保护权利所投入的时间、金钱以及对自己人际关系的影响看作是成本,那么通常来说,私力救济更节约时间、金钱,也更有利于人际关系的维护,因而是相对节省费用的维权途

① 曹锦清:《黄河边的中国》,上海文艺出版社 2000 年版,第 40—41 页。

② 张中秋:《中西法律文化比较研究》,南京大学出版社 1999 年版,第 320 页。

③ 曹锦清:《黄河边的中国》,上海文艺出版社 2000 年版,第 40 页 。

径。成本的节约主要体现在三个方面：(1)私力救济与诉讼相比时间较短、效率较高。在出现纠纷后，直接找到对方当事人，要求对自己遭受的损失进行补偿，或者通过第三方进行调解，这样可以减少很多繁杂的手续，避免诉讼花费时间过长。根据民事诉讼法，人民法院适用普通程序审理案件，应当在立案之日起六个月内审结。如果出现二审，一件普通的民事案件可能得花近一年的时间，刑事自诉案件的审理也同样要花费很长的时间。而且，私力救济还不耽误自己的农业生产活动，可以随时进行。当然，这一点不是绝对的，个别时候私力救济效率也会很低。(2)私力救济还可以克服经济上的障碍。权利的存在和行使依赖于权利主体的实际能力和实际地位，需求转化为权利正是这样。如果需求主体本身缺乏"力量"，就不可能设定一个为满足自己需要的义务人，也不可能使这个义务人真实地履行义务。村民遇到纠纷进入法院进行诉讼是要花钱的，按现在法院的收费标准，一般民事案件原告至少要缴纳 50 元诉讼费用，而经济案件还要根据指标的大小，按比例增加。对普通的村民来说，这无疑是一个很大的机会成本。在基层法院工作效率较低、透明度不高且审判结果容易受到其他额外因素影响的情况下，许多村民就不会冒着"鸡飞蛋打"的风险选择诉讼。① (3)人际关系的维护。如前所述，广大村民选择私力救济是一种传统，他们要保持"以和为贵"的传统习惯。这种保持良好的人际关系的做法，也是一种成本的节约。乡土社会中一个重要资源是相互熟悉，即信息对称。在信息对称的情况下，可以减少交易成本，相互之间可以根据自己拥有的信息充分预测自己行为的后果以及他人会怎样根据自己行为做出反应。而打官司就意味着某种关系的决裂，形成信息的不对称状况，这一信息不对称能影响到每个人的行

① 夏勇先生主要提出调解可以克服经济上的障碍，通过调解的广泛应用可以看出私力救济在保护权利方面对金钱的节约。参见夏勇主编：《走向权利的时代》，法律出版社 2000 年版，第 274 页。

为方式，进而影响到各种交往，增加日后活动的机会成本。[①] 按照法律经济分析的假设，人们总是理性地最大化自己的满足度，一切人在他们一切涉及选择的活动中莫不如此。无论是基于中国农民小生产者的特性，还是基于现代市场经济对收益的孜孜追求，农户都不会忽略对解纷维权成本的考虑。三是公力救济的供给不足。村民更愿意选择私力救济的一个重要的外在原因是国家的司法途径或“公力救济”供给不足，或者可以说是由于国家司法权在农村的弱化。中国的广大农村从某种意义上可以说是国家权力的边缘地带[②]，尤其是在司法方面，国家的司法权还不能深入有效地渗透进农村，进入农民的观念中。主要体现在为农民服务的司法人员数量严重不足，而且素质不高，在广大农村社区甚至很少有合格的律师；农民对自己权利具体有哪些，权利遭受到什么样的破坏，以及怎样通过诉讼解决纠纷等问题没有较清晰的认识；对法院的作用也不能够明确认同。出现这些问题主要就是因为国家的司法供给不够，再加上法院自身的诸多限制因素，基层法院在解决农民权利保护中的作用大大地弱化。所以，在目前中国农村这种经济模式、社会组织方式及运作方式发生根本变化之前，国家的权力（可以具体到司法权）很容易被普通农民视为一种迫不得已才使用的外来力量，而且农民往往会用一种自发的抵触眼光去看待它。所有这些都促使乡村社区中的农民对自己权利救济更多的是采用私力救济方式，或动用人情关系（亲戚、朋友、宗族的势力等），这是最主要也是最常见的方法；或通过第三人居间调解（民间调解），即在自己无法主张权利或者直接主张权利有困难时，通过中间人的作用反复谈判，讨价还价；或直接主张权利，一对一直来直去。不可否认，在历史上和现实中公力救济还不十分得力的情况下，私力救济对农民的权利保护起到了很大的作用，但也有诸多不足之处。

---

① ［美］道格拉斯·G. 拜尔等：《法律的博弈分析》，严旭阳译，法律出版社 1999 年版，第 46 页。

② 苏力：《送法下乡》，中国政法大学出版社 2000 年版，第 37 页。

比如，在对方当事人否定自己的义务或虽不否认但拒绝履行义务的情况下，这种方式的效力就受到很大的限制，前文对此已有涉及。私力救济依靠的是村民个人或者其他一些私人性质的力量，这些力量没有很大的强制力，对方当事人完全可以加以拒绝或对权利拥有者的行为进行对抗。在这种情况下，又会自然寻求公力救济途径，先前的私力救济活动成为无用功甚至消耗一定的费用。

第六章 十年树木，百年树人——务实的基层法制宣传

党的十八大报告明确指出：深入开展法制宣传教育，弘扬社会主义法治精神，树立社会主义法治理念，增强全社会学法、遵法、守法、用法意识。加强普法宣传、提高全民法治意识、努力建设法治社会，是全面推进依法治国的坚实基础。从笔者调研的情况看，是农村基层干部从学法用法的具体实践中感受到自身法律素质提高了，办事效率提高了，群众满意度上升了，学法用法热情也越来越高，有些农村基层干部从不主动学法到主动学法，增强了学法用法的积极性和自觉性。二是依法行政意识和服务水平有了全面提高。许多基层干部形成了“遇到问题先学法、决策之前找专家”的工作思路。

第一节 突出普法重点

坚持把农村、社区班子成员、党员和村(居)民代表、小组长等骨干作为普法重点。通过制定基层普法依法治理工作规划计划，建立农村、社区班子学法制度，利用农村党员干部现代远程教育网络、法制学校、法制宣传栏、法律图书角和农村、社区小报等开展法制宣传教育，组织开展“法律进农村”“法律进社区”“送法下乡”等活动，组织发放《农村法律知识读本》《浙江新农村法治建设丛书》《普法学习手册》等教材，开展持久深入的基层法制宣传教育。

一、重在基层干部

法律知识普及的基础在基层，重点在农村，只有通过坚持不懈

的努力，让农村基层干部带头学法，带动农村广大群众学法、懂法、敬法、护法，用法律知识武装头脑，用法律知识解决农村问题，只有在基层形成浓浓的法治氛围，让全民自觉地守法，建设法治中国才能真正实现。

浙江许多地方建立了以一个月学一部法律法规或上一堂法制课为主要形式的“一月一学法”制度，以农村适用法律法规为主要内容，强化农村基层干部法律知识培训，建立严肃、严格的考试、考核机制，确保在学法环节上取得实实在在的成效。

为贯彻落实《慈溪市市管领导干部任前法律知识考试办法》，进一步提升全市各级领导干部的法律素质，提高依法执政能力和水平，2015 年 7 月 8 日上午，宁波慈溪市组织全市拟提拔的 18 位市管领导干部进行集中任前法律知识考试。这是慈溪市首次将法律法规知识考试纳入市管领导干部任前考察中。本次考试由慈溪市委组织部、市人大法工委、市司法局联合组织。考试内容涵盖党的十八大、十八届四中全会和习近平总书记系列重要讲话精神；领导干部运用法治思维、法治方式方面内容；新颁布、新修订、新实施的法律法规；与“三改一拆”“五水共治”等重点工作相关的法律法规等。考试成绩由市委组织部汇总使用。拟提拔任用人选考试合格后，方可按干部任免程序办理任职手续。考试成绩存入个人档案。

2014 年 11 月 26 日上午，台州路桥区新桥镇新桥村农村文化礼堂里，雄壮的国歌声中，新桥村村“两委”郑重地从法官、民警手里接过宪法读本，庄严宣誓。宣誓仪式结束后，“村两委”将宪法读本分发给了现场村民。会上，还经村民代表表决通过了新修订的《村规民约》，并表彰了一批“诚信守法家庭”。

湖州市结合文化广场、文化礼堂等的建设，建立法治文化公园、法治文化广场等实体法治文化阵地，并通过数字点播、农村广播、远程教育、法制学校等载体，推动法律知识进家庭。开设了“平安家园”数字电视宣传栏目，全县 207 个村（社区）均建立法制学校、法律图书室和法制宣传栏，有法制类图书 3 万余册。注重结合地方特色文化，创新开展文艺演出、法治文化创作大赛、法治猜谜、法制巡展等活动，每年还引进浙江卫视"流动大舞台 法制宣传浙江行"大型文艺活动。充分发挥律师、普法讲师团等专业团队和普法联络员、调解员作用，实现了村（社区）法律顾问全覆盖。全县村、社区"两委"干部、村（居）民代表确保每年参学率95%以上。

二、重在青少年

浙江制定出台了《关于进一步深化青少年法制宣传教育的意见》，着力推进中小学法制教育计划、教材、课时、师资的有效落实，全面实现中学每学期法制教育不少于4课时，小学每学期不少于2课时的目标。部署开展第四届"法在心中"青少年主题法制宣传活动。积极探索闲散青少年、不良行为青少年等重点青少年群体法制宣传教育活动的有效途径。推进青少年法制教育课外实践基地建设，将其命名为第三批省级青少年法制教育基地。依托农村党员远程教育平台，组织农村干部、党员骨干集中开展"五水共治"法律知识专题学习。切实做好新任村干部、村民代表全员法律知识培训。组织开展"千场职务犯罪预防宣讲进乡村"主题活动。落实企事业经营管理人员和职工法律知识学习制度，健全企事业经营管理人员学法用法考试（考核）机制。按照"谁用工、谁负责"的原则，依托流动人口管理服务网络，以"建筑工地法制学校"等为载体，加强外来务工人员法制宣传教育工作体系建设，适时出台《进一步加强外来务工人员法制宣传教育意见》。

湖州市坚持青少年维权和守法双管齐下，着力构建学校、社会、家庭三位一体的法制宣教网络。在全县中小学配备法制副校长，编印中小学法制教育读本并将其纳入学校教材进入课堂，全面开展教学计划有落实、学习教材有落实、课时保证有落实、任课教师有落实等"四有制度"，并将普法实效纳入学校年度考核和校长年终考评。多样化开展"法在心中""珍爱生命，快乐成长，禁毒知识进校园"等青少年法制宣传教育活动。同时，积极开展社区共建、警校共建、军校共建、治安共建、家校共建等"五共建活动"，加强对社会闲散青少年的教育帮扶。

三、重在整合资源

宁波奉化市以“法治促进会”为基层法治资源整合的工作平台，统筹协调试点村（社区）法律服务的各项工作。法治促进会的会员由辖区内的政法部门在职干部、退休老干部、人民调解员、律师、公证员、基层法律工作者、法治促进员、法律工作志愿者等基层法治资源力量组成，为村（社区）群众提供法律咨询、调解民间纠纷、法律援助、法制宣传、特殊人群安置帮教等法律服务。目前，奉化市四个试点村（社区）已累计整合106名法治资源力量成为法治促进会会员，共同协助村（社区）和所在街道开展各类法律服务、矛盾化解等工作。同时，法治促进会还积极整合网格化管理中的自治服务团队，建立宣传教育服务、法律咨询服务、矛盾纠纷调处服务、特殊人群帮教服务和治安巡逻服务等20个专业服务团队，成为当地社会服务管理的重要资源力量。

基层法治资源整合试点工作开展以来，取得了较好成效，主要体现在：一是有效满足了基层群众日益增多的法律服务需求。各村（社区）法治促进会以满足基层群众日益增长的法律服务需求为目标，以便民、利民、惠民为宗旨，开展法律咨询、法律文书代写、非诉讼代理等各项法律服务工作。试点工作开展以来，法治促进会共开展法律援助187次，为居民免费代写各类法律文书320余份，已有560多位群众在“家门口”享受到免费的法律服务。其中，以法律咨询居多，咨询内容涉及债务纠纷、邻里矛盾、汽车损坏赔偿、诉讼业务等多个领域，如在咨询过程中牵涉法院诉讼费的问题，促进会会员能及时到法院询问最新诉讼费用标准并告知群众。又如在咨询中涉及债务纠纷如何通过法律手段解决时，促进会会员细心把债权债务的法律关系及处理程序明确告知当事人，使其能在法律规定范围内处理债务纠纷。为进一步拓宽法律服务途径，岳林街道新民社区还整合自身法律资源与奉化市人民法院联合成立“小巷法官”专家团，定期将群众法律咨询汇总，由专家团负责解答，符合解答条件的实行“三个即时”——即时受理、即时审批和即时指派，尽量做到申请、审批、指派一次性完成。据统计，“小巷法官”专家团成立以来，已开展集中法律咨询活动 6 次，接待群众 95 人次，解决各类法律难题 68 个。二是有效深化了基层村(社区)的法治宣传教育。法治促进会在开展法律服务工作的同时，还通过坐堂会诊、组织居民集体学法、以案说法等多种形式大力宣传各类法律法规和国家政策，根据群众的实际需求，再结合相关的法律法规，让群众既能解决自身诉求，又能学习到相关法律知识，为深入推进基层法治建设起到了良好的宣传作用。据统计，4 个试点村(社区)累计开展法律宣传教育活动 25 次，分发各类法律宣传资料 1560 余份，这些基层村(社区)的群众切实感受到了法律法规的重要性，法律意识明显得到提高，已从“要我学法”逐步向“我要学法”“我要懂法”转变。特别是岳林街道新民社区还建设了该市首个法治文化公园，通过图文展阅、文艺会演、人文典故、名言警句、法治故事、法治人物、法治文化谜语等 10 多种形式让群众在休闲娱乐中轻松学习法律文化知识，使社区法治文化氛围更加浓厚，社区居民学法知法守法蔚然成风。三是有效夯实了基层社会和谐稳定的基础。法治促进员在提供各项法律服务的同时，利用自身专业优势，积极调解婚姻家庭纠纷、房产纠纷、拆迁补偿纠纷、医疗纠纷等各类民间纠纷，缓解了不少基层社会矛盾，将基层的社会矛盾化解在萌芽状态。试点工作开展以来，法治促进会已累计化解各类矛盾纠纷 258 起，进一步夯实了当地社会和谐稳定的基础。

第二节　贴近基层实际

2011 年 6 月 28 日，《浙江省普法教育领导小组关于在全省公民中开展法制宣传教育的第六个五年规划(2011—2015 年)》出台，“六五普法规划”明确提出：学习宣传农村基本经营、农村土地管理、农业支持保护和农村金融等方面的法律法规，促进社会主义新农村建设。学习宣传城乡规划建设管理和城乡经济社会发展一体化相关法律法规，促进城乡和区域协调发展。结合新农村建设实际和广大农民的现实需求，广泛开展与农民生产生活密切相关法律法规的宣传教育。创新农村法制宣传教育的途径和方法，充分利用农村党员现代远程教育平台、“千万农民素质提升工程”等载体开展法制宣传教育，重点加强村干部、党员、村民小组长、村民代表、各类农村实用人才等对象的法制培训，提高他们依法参与基层民主建设、依法管理基层事务、依法调解矛盾纠纷的能力。有步骤地实施农村“法律明白人”培养工程，健全完善农村法制宣传工作队伍。进一步加强农村法制教育阵地建设，全面实现每个乡镇设立一个法制辅导站，每个行政村配备一名法律顾问，建立一个法制学校、一个“普法宣传栏”和一个法律图书室（柜）的目标。

宁波市坚持从服务社会主义新农村建设和构建和谐社区，满足基层干部群众法律需求的实际出发，在内容上，选择并突出宣传与基层经济社会发展、农村（社区）管理、村（居）民群众自治和基层干部群众生产生活关系密切的有关农业生产、市场经济、婚姻家庭、资源环保、社会保障等方面的法律法规。由于农村、社区法制宣传教育重点对象突出，内容贴近实际，形式灵活多样，效果十分显著。违法犯罪、矛盾纠纷激化的现象明显减少，有力地维护了基层社会稳定。

一、服务经济社会发展

“六五普法规划”明确指出：把外来务工人员法制宣传教育纳入本地区普法工作中，统一规划，统筹安排。按照“谁用工、谁负责”的原则，在外来务工人员较集中的单位和地方，结合外来务工人员服务管理各个环节，依托各类法制培训机构开展与外来务工人员工作生活密切相关的法律法规的宣传教育，促进其理性表达利益诉求、依法维护自身权益的意识和能力。探索完善外来务工人员输出地与输入地政府相关部门协作配合、有机衔接的法制宣传教育工作机制，帮助外来务工人员合法有序融入当地社会。

2015 年 6 月 29 日，宁波鄞州区集士港司法所联合镇综治办、工会等部门在君禾泵业公司开展了“法在身边”的普法知识巡回宣讲活动，企业负责人、村干部共计80余人参加。本次活动特别聘请了浙江素豪律师事务所律师王露莹律师担任主讲，具体内容包括：(1)依法制定规章制度，从制度上加以预防；(2)严格入职管理，从源头上加强防范；(3)规范劳动合同条款，明确双方的权利和义务；(4)按规定签订劳动合同，防止不签劳动合同带来的风险，从这4个方面对《劳动合同法》《劳动争议调解仲裁法》中相关的法律条款进行详细讲解，讲座结束后，王律师现场解答了企业负责人提出的有关合同纠纷、劳动争议问题20余个。“法律知识进企业”是集士港司法所“法在身边”普法知识巡回宣讲的第一站，活动希望企业经营者做到学法、懂法、用法、守法，真正做到促进企业和谐健康发展，维护职工权益。

二、服务农村社会治理

2015年是“六五普法”的收官之年，需要进一步增强全民禁毒意识，提高广大群众识毒、防毒、拒毒的能力，2015年6月26日上午，鄞州区五乡司法所联合镇禁毒办、公安等成员单位以及各村禁毒志愿者在五乡镇宝幢农贸市场开展了一场以“拒绝毒品，拥抱健康”为主题的“6·26国际禁毒日”暨六五普法宣传活动。

活动现场，五乡司法所通过图片展示、悬挂横幅、发放环保袋和宣传资料的方式向广大群众宣传讲解禁毒知识和相关法律法规，教育群众增强拒毒、防毒意识，自觉抵制毒品的诱惑。本次活动，共发放各类宣传环保袋600只，宣传资料3000余份，悬挂横幅4条，宣传展板8块，接受咨询20余人次。

本次活动，使广大群众更全面地认识到毒品对社会、家庭、个人的危害，进一步提高了广大群众识毒、防毒、拒毒意识和自觉抵制毒品的能力，为遏制新吸毒人员滋生，落实毒品预防宣传教育，打击毒品违法犯罪营造了良好的工作环境。

当前的禁毒工作形势较为严峻，近两年来新型毒品呈逐渐蔓延趋势，吸毒人群低龄化现象明显，青少年禁毒教育已刻不容缓。

为让人民群众了解、认识到毒品的危害，宁海县前童镇禁毒办、前童司法所、前童派出所于2015年7月2日联合开展了以“拒绝毒品，拥抱健康”为主题的禁毒宣传活动。活动中，该镇联合组织了司法所工作人员、禁毒民警、禁毒社工、志愿者共同参与，通过拉横幅、发放宣传资料等方式向广大市民开展了禁毒宣传。此次宣传活动共计发放禁毒宣传册1200余份、禁毒宣传环保袋400余只、禁毒雨伞33把。本次活动现场气氛热烈，该镇村民参与热情高涨，使该镇“6·26”的国际禁毒日系列宣传活动达到了一个高潮。

三、服务基层群众自治

为强化基层群众对《信访条例》的认识和了解，慈溪市掌起镇三步到位促依法信访。一、严密部署。镇党委、政府组织全体机关干部及各村负责人参加信访法治建设年暨纪念信访条例十周年宣传活动动员会，明确“依法信访、共筑和谐”的活动主题，并深度解读国务院新实施的《信访条例》，增强干部依法行政意识和依法办事能力。二、广泛宣传。司法所与镇信访办联动，借力浙江法治宣传月活动，组织百名志愿者进村入企面对面宣传依法信访，受教育面群众达3000人次。同时在公共场所、便民中心、信访办等重点区域，开展“依法信访”现场宣传2次，新增宣传阵地5处，让群众正面、理性了解信访。三、严控上访。在信访接待中，新增《信访条例》解读环节，以化解促宣传，培养信访人员依法信访意识，对一批重点信访对象，采取领导包案、定点宣传的方式，反复上门进行宣传，努力控制非正常上访发生率。

为广泛宣传《信访条例》，营造良好的社会氛围，切实增强群众依法信访观念，6月24日上午，鄞江司法所以《信访条例》实施十周年为契机，联合镇综治办、信访办、安监所、禁毒办在鄞江夜宵城旁开展以“依法信访 共筑和谐”为主题的普法、信访宣传活动。

活动现场，工作人员通过悬挂横幅、发放宣传资料、接受现场咨询等多种形式，重点宣传了《信访条例》的相关法律法规知识，向群众讲解信访办受理信访举报的范围、信访举报渠道及方式，提高群众对依法信访的认识，提升群众遵守法律和理性维权的意识。活动中共计发放法制宣传资料200余份，展出大型宣传版画15幅，接受群众现场咨询10余人次。

此次活动还分发了《宁波市有偿法律服务指引》《民间纠纷调解》等相关公共法律服务资料，并对《宁波市人民调解条例》也进行了同步宣传，扩大群众对司法行政工作的知晓度。这次宣传进一步增强了群众依法解决合理诉求的法律意识，不断提高群众的法律素养和法治理念，努力营造“办事依法、遇事找法、解决问题用法、化解矛盾靠法”的良好法治环境。

四、服务群众生产生活

为了让群众了解《食品安全法》，强化食品安全法制观念，宁波市平安办、市食安办与浒山街道办事处联合主办，市市场监督管理局、市农业局等十三个食安委成员单位共同参与。现场不仅展示了各部门主题宣传展板，还发放种类多样的宣传手册1800余份、纪念品1000余份，向来往群众宣传食品安全常识及新食安法，更好推进食品从业人员学法、知法、守法，引导社会各界参与提升食品安全法治化水平建设，增强社会监督意识，营造浓厚的社会共治氛围。

食品安全宣传周期间，市食安办累计向各镇（街道）发放食品安全宣传海报8400份，夏秋季风险预警10000份，宣传手册与冰箱贴各20000份。各镇（街道）与相关部门将结合新食品安全法宣传，因地制宜，通过开展食品安全社会共治“金点子”征文比赛活动，“我执法，你参与”、“你点题，我检测”活动，食品安全超市行等活动，普及食品安全知识，增强公众自我防范意识。

为认真学习宣传贯彻《宁波市人民调解条例》，加强《宁波市人民调解条例》社会影响力，宁海县越溪司法所于2015年7月2日越溪集市日组织开展了《宁波市人民调解条例》专项法治宣传活动。此次宣传活动以《宁波市人民调解条例》为主题，并悬挂横幅、设立咨询点接待群众法律咨询，发放法制宣传资料500余份。

此次活动，一是向群众宣传了《条例》的立法背景、基本内容和制定颁布宁波市人民调解条例的重要意义。二是宣传人民调解工作在化解社会矛盾纠纷、维护基层社会稳定中发挥的积极作用，引导人民群众通过非诉讼调解的方式维护自己的权益，逐步提高人民调解工作的认知度和影响力，进一步增强广大人民群众"调解就是执法"的观念。三是强化了人民群众的法律意识，促进人民群众对人民调解工作的支持、理解、信任和配合，指出群众在遇到一般纠纷时，可寻求村调解委员会、乡调解委员会的帮助，使矛盾纠纷得到及时化解，防止矛盾激化升级，为《条例》的顺利实施营造良好氛围。

第三节　丰富普法形式

一、依靠多种宣传载体

"六五"普法以来，浙江省法制办坚持以党的十八大和十八届三中、四中全会以及省委十三届六次全会精神为指导，全面贯彻《中共中央关于全面推进依法治国若干重大问题的决定》《中共浙江省委关于全面深化法治浙江建设的决定》《浙江省人民政府关于深入推进依法行政加快建设法治政府的实施意见》和习近平总书记系列重要讲话精神，按照"六五"普法规划要求和年度工作要点，立足政府法制工作实际，不断加大法制宣传力度，切实将"六五"普法工作落到实处。一是发挥政府法制信息网站传播功能。地方性法规草案和省政府规章草案均在省法制办门户网站或省政府网站公开征求意见；出台后，及时在省法制办门户网站全文发布。安排专人对省法制办网站栏目信息进行每日更新，并积极向省普法办、国法办、省两办信息处报送信息。二是打造政府法制微博发布平台。2014 年 10 月份开发建成政府法制微博管理系统，借助微博等新媒体新技术在宣传教育中的优势，运用人民群众喜闻乐见的以案说法、讲故事的形式，及时发布新出台的法律、法规、规章和省有关政策性文件信息，以及各地各部门依法行政工作动态。2015 年上半年共发布微博信息约 2600 条，目前拥有粉丝约 10 万余名。三是加强简报信息编辑和法规规章汇编工作。定期编发浙江省法制办简报，宣传基层政府法制工作的经验和做法。编印《浙江省法规规章全书(2014 年版)》，将全省现行有效的地方性法规和政府规章(包括英文版本)汇编成册，并免费赠送各地各部门学习(共计 1000 余册)。在龙泉畲垟乡扶贫结对点，开展法律进社区、进学校等宣教活动，赠送法律书籍 200 余册。四是依托新闻媒体进行法制宣传。加强与浙江日报、省电台、省电视台、浙江在线、浙江法制报等新闻媒体的联络，及时刊登政府法制工作综述、立法听证会、媒体恳谈会、专家咨询论证会等相关信息，增强政府法制宣传的影响力。五是结合专项活动开展宣传。每年组织省级机关人员旁听法院行政审判；安排人员每周半天时间到省信访局参与联合接访，引导上访人员依法行使救济权利。结合"进村入户""走亲连心"等活动，当好宣传员，积极主动向基层群众宣传法治。

浙江省重视发挥报刊、广播、电视等传统媒体作用，打造精品普法专栏、节目。积极依托网站、微博、微信、手机报等新兴媒体，大力开展新媒体法制宣传教育，培育一批具有知名度和影响力的普法微博、微信。扩大浙江普法手机报用户。充分利用公共场所电子显示屏、楼宇电视、数字电视、网络电视和公交、地(城)铁、旅客列车、民航飞机等交通工具的移动电视开展法制宣传，办好"新华频媒法制动漫展播平台"。

二、采取多种宣传方式

2015 年是"六五"普法总结验收年，尚田司法所根据奉化市普法办的要求，深入实施"六五"普法规划，通过多种多样群众喜闻乐见的形式，"全方位、多角度"地开展各类法制宣传教育活动，积极推进浙江法治宣传月活动。

一是普法宣传进万家。通过横幅、标语、流动宣传车等载体向广大群众传递"遵法守法"和"依法信访"等普法信息。在活动中共悬挂横幅 3 条，张贴标语 25 条。同时，还积极动员镇村干部以“夜访入户”“民情接待日”为平台，进村入户开展“五水共治”“三改一拆”相关法律法规和政策的宣传教育，为镇党委政府重点工作的顺利推进营造良好的法治氛围。

二是普法宣传上街头。以纪念《信访条例》颁布施行 10 周年和《宁波市人民调解条例》出台施行为契机，司法所上街、进镇文化中心向广大群众提供法律咨询和发放宣传资料 500 余份，并通过贴近生活的案例和简明扼要的法条，向居民群众宣传法律法规，传递“依法信访、共筑和谐”“以和为贵、调解优先”的法治理念。

三是普法课堂进机关。为进一步增强全镇机关干部的法治理念，提高运用法治思维和法治方式处理问题的能力和水平，2015 年 5 月尚田司法所依托“每月一课”讲坛，邀请了宁波市委党校老师张萍为全镇机关干部举办了一场“法治建设”专题讲座。通过法制讲座，进一步提高了全体机关干部的法制观念和法律素质，提高了依法决策和依法办事的能力水平。

四是普法宣传入校园。为提升青少年抵制毒品、反对邪教的能力，6 月 5 日中午，尚田司法所会同尚田派出所在尚田中学开展了禁毒、反邪教知识宣传教育进校园活动。工作人员以悬挂横幅、设立咨询台、展板展示、发放宣传手册等方式，使广大师生们了解毒品的品种、性质和邪教毒害性，认识到毒品、邪教对青少年、家庭和社会的危害。通过宣传活动，进一步增强了青少年的禁毒、反邪教意识及自觉抵制不良习气的能力。

五是开展服刑人员警示教育活动。为进一步加强和规范社区矫正工作，引导社区服刑人员牢固树立学法、懂法、守法意识，5 月中旬，尚田司法所组织青年社区服刑人员开展了主题为“自律、自省、自爱”的警示教育活动。通过警示教育，有效触动了社区服刑人员的灵魂，增强了他们遵守社区矫正各项规定的自觉性，进一步提升了社区服刑人员的自律、自省、自爱意识，取得了良好的社会效果和法律效果。

在宣传载体上，充分利用农闲季节、节假日和空余时间，组织送法入户和法制影碟片、录像片、宣传图片巡回展播展出;在电视台、广播电台和主要报刊开辟法制专栏等,积极开展面向基层干部群众、符合实际的法制宣传教育。要打破以往常用的“集中式”“灌输式”的学习方法,采取以案说法,参观法治展览,到法治教育基地接受教育,图文并茂的学习讲解,法律知识竞赛等方法,还要根据不同对象、不同单位、不同年龄、不同行业,采用不同方法和手段,增强法律宣传效果。

三、突出法治文化宣传

2006 年 7 月,时任浙江省委书记习近平同志发表了《弘扬法治文化,建设“法治浙江”》的文章,提出通过普法活动,传播法治理念,培育法治精神,弘扬法治文化,树立法治权威;强调弘扬法治文化,重在树立社会主义法治理念,重在培养公民的法治精神,重在提高全社会的法治化水平,重在全社会的共同参与。这为浙江做好法制宣传教育工作和建设法治浙江指明了方向。为此,浙江省制定出台了《浙江省加强法治文化建设实施意见》。发挥宣传、文化部门的资源优势,进一步推动法治文化作品创作生产,增强法制宣传教育的吸引力、感染力。继续办好《流动大舞台——法制宣传浙江行》栏目。组织开展法制动漫、法制微电影等法治文化创作活动,举办法制动漫论坛。大力推进基层法治文化阵地建设,开展省级“法治文化建设示范点”命名工作,做好全国“社会主义法治文化建设示范点”推荐工作。精心组织“浙江法治宣传月”等主题活动,打造富有浙江特色的法治文化。

近年来,宁波象山县司法局围绕文化强县建设目标,积极实践“文化搭台、法治唱戏”,不断满足群众日益增长的法治文化需求,为提升全民法律素养提供内在精神动力。目前,全县共建成图书馆、文化馆、农家书屋、社区文化中心等法治文化阵地 542 个,设立青少年法制教育基地 10 个,其中市级 6 个。

首先,因地制宜树阵地,推动法治文化品牌化建设。一是完善基础设施。推进基层法治文化基础设施建设,2014 年以来,共建成各类法治文化平台13个。二是创新法治平台。率先在全省建成公共法律服务中心,树立“以案释法”理念,自成立以来,服务中心累计接待群众来电来访咨询2.6万余人次,接待涉法涉诉信访9593件,办理法律援助案件12634件。三是拓展传媒阵地。发挥“两台三网一报”主渠道作用,开设《说法时间》《警示传真》《阳光热线》《交通伴你行》四档普法类栏目;通过象山港论坛网站、县司法局门户网和遍布超市、菜场等人口密集区的167个LED网,展播法治内容或开辟普法专栏;象山报每半月开设法治专版,在头版报眼发布依法治国内容。

其次,挖掘特色设载体,推动法治文化实效性发展。一是深化“法律六进”。根据领导干部、青少年、农民工等不同对象的特点,加强分类指导,抓好重点对象学法用法,如每年组织全县公务员学法用法考试;选聘58名法治副校长每月开设法治教育课,增强青少年法律意识;组织普法讲师团赴村、社区在“六五”期间开展法治讲座600余场次;等等。二是注重喜闻乐见。坚持从群众所需所盼出发,利用重要时段和节点,开展主题鲜明的普法教育活动,先后开展“进渔村、上码头、入渔船”主题法制宣传教育、县“独角兽”法制宣传晚会、“三改一拆”及“五水共治”法律知识有奖灯谜竞猜等趣味性活动,收效良好。三是丰富文艺创作。吸纳机关、美术家协会、文化馆、青年画院等单位不同领域的25名专家建成法治文艺宣传志愿者队伍,引导志愿者创作法治文化精品。

最后,凝心聚力强保障,推动法治文化规范化运作。一是健全组织领导机制。调整和充实县普法教育领导小组,对28个成员单位的工作职责、任务、目标进行具体化、条文化,做到职责分明、任务明确、目标明朗。二是构建奖惩激励机制。县委、县政府明确将普法工作纳入镇乡(街道)、县级机关共性工作目标责任制考核,县普法办每年考评量化,确保全县普法工作整体推进。三是建立协调联动机制。实行“谁执法谁普法”的普法责任制,构建项目化普法模式,探索建立政府购买服务、社会投入、公益赞助和市场运作相结合的社会普法教育机制,如今年该县普法办牵头42个县级部门落实57个普法项目，每月排定主题，切实把普法教育贯穿执法、司法和社会治理全过程。

第四节 完善考核评价

一、建立考核评价体系

科学的评价体系和评估机制是法制宣传教育工作良性开展的前提和标准。坚持完善党委领导、人大监督、政府实施、政协支持的普法教育领导体制。修订《省普法教育领导小组成员单位工作职责》，建立普法教育年度任务分解和成员单位年度工作任务落实情况报告制度。研究探索人大代表和政协委员阶段性、专项性检查、视察普法教育工作机制，积极推动各级党委政府将普法教育工作列入对地区和部门年度目标综合考核。加强普法办自身建设，健全工作协调机制，切实履行好组织、协调、检查、监督职能。完善监督措施，加大监督检查力度，每月对当月学习的法律知识进行一次检测，每季度对学法用法开展一次检查，每半年集中对所学法律知识进行一次综合测试。同时，对学法用法先进典型给予表彰奖励。

要加强法制宣传教育绩效评估体系课题研究，建立完善科学量化的法制宣传教育评价体系，为做好法制宣传教育工作明确努力方向、树立正确导向、提供检验标准。法制宣传教育工作的评估，要把法治建设与作风建设紧密结合起来，既要对先进单位和个人进行表彰奖励，又要对不合格者进行批评整改；既要对工作推进、活动开展、措施落实和任务完成做定量分析，还要看矛盾纠纷是不是得到及时化解，群体性事件是不是减少，社会治安状况是不是好转，干部依法办事的能力是不是提高，行政部门和司法机关的依法行政公正司法水平是不是提高以及人民群众的法治意识、法律素质是不是提高等，做出定性判断；既要设定统一的标准和要求，又要激发不同地区、不同部门、不同行业、不同对象“关注点”

“兴奋点”，根据各自的特点和法律需要分类指导。

二、制定考核实施细则

根据笔者对基层民主法治建设的调研，衢州市龙游县针对部门和乡镇、街道制定了不同的考核细则（适用于 2014 年），以有效推进基层法制宣传教育工作。考核细则见下表：

表 1　2014 年“六五”普法工作年度考核细则（部门）

项目	评分内容	分值	扣分标准	自查得分
组织保障 18 分	领导小组及其办事机构健全，配有普法联络员，并能根据人事变动及时调整，普法依法治理工作有专人分管	4 分	组织机构不健全扣 2 分，人员变动未调整、无专人负责扣 2 分	
	能及时制定年度工作计划（要点），年初有部署，年内有检查，年度有总结	8 分	每缺一项扣 2 分	
	学法用法制度化。建立定期学法制度，采用自学和集中辅导的方式，有学法记录或图片。能够按要求组织本单位干部职工参加全县普法统一考试	4 分	没有学法制度的扣 1 分，没有学法记录的扣 1 分，未按要求参加全县普法统一考试扣 2 分	
	普法经费投入有保障，确保各项普法活动和普法书刊资料等经费开支，保证普法依法治理工作有效运行	2 分	无普法宣传经费投入（发票等凭证）扣 1 分，无普法书刊资料的扣 1 分	

续 表

项目	评分内容	分值	扣分标准	自查得分
基础工作26分	组织参与县统一开展的普法依法治理活动,如"12·4"法制宣传日、浙江法治宣传月、法律咨询、法制征文和法律知识竞赛、理论调研等活动	8分	未按要求参加普法活动每次扣2分	
	按照县普治办统一要求,做好普法教材的征订和法制宣传资料的发放工作	2分	普法教材未及时征订扣1分,法制宣传资料未及时发放扣1分	
	普法依法治理档案资料分类装订规范,各年度本单位、县及上级部门印发的各类普法文件、信息资料保存齐全完整	8分	台账资料不够齐全扣4分,分类归档不够规范扣4分	
	开展法制宣传活动并能及时报送信息,全年上报县普治办信息2篇以上	8分	每少报一篇信息扣4分	
法制宣传教育26分	部门围绕中心工作和重点工程建设,积极开展形式多样的法制宣传教育活动,且每年能够举办一次面向社会的专业法律宣传教育主题活动 在单位网站开设法制宣传栏目,经常性面向社会开展法制宣传 (其中教育主管部门要加强对学校普法教育的监督指导,配齐法制副校长,确保中学每学期4学时的学法课时,小学每学期不少于2课时 广播电视总台、《今日龙游》开设每半月一期的"法制园地"栏目,结合百姓身边发生的案例,积极开展以案说法法制宣传教育活动)	26分	无宣传教育主题活动的扣16分,单位网站未开设法制宣传栏目扣10分(学校法制副校长聘任率达不到100%扣10分,学法课时中学少于4课时,小学少于2课时的扣16分;未设专栏的扣16分,每少播/刊一期扣2分)	

续　表

项目	评分内容	分值	扣分标准	自查得分
依法行政30分	依法行政,建立健全政务公开制度。公开办事依据、办事职责、办事程序、办事标准、办事时限、办事结果	2分	未符合标准要求的每项扣0.5分	
	不断完善执法责任制。行政机关及时修订完善执法责任制、执法评议考核制、违法责任追究制;司法机关及时修订完善执法责任制、办案责任制、错案责任追究制	4分	未符合标准要求的每项扣0.5分	
	建立健全维护社会稳定的机制和制度。结合自身职能,建立和完善防范和化解社会矛盾的工作体系,切实担负起维护社会稳定的责任。本部门、本系统无重大群众上访事件、重大恶性刑事案件发生	6分	缺少制度扣2分,每发生一起重大群众上访事件扣2分,发生重大恶性刑事案件扣2分	
	行政执法人员无行政不作为、乱作为等违法行政情况;执法案件质量合格率达95%以上;本部门、本系统行政复议、行政诉讼案件,无被撤销具体行政行为,无行政赔偿情况	8分	行政不作为、乱作为每发生一起扣2分,执法案件合格率不到95%扣2分,撤销具体行政行为每起扣2分,行政赔偿每起扣2分	
	干部职工自觉守法,无因违法乱纪而受到纪检监察或司法机关追究刑事责任	10分	发生一起违法违纪案件不得分	

表 2　2014 年“六五”普法年度考核细则（乡镇、街道）

项目	评分内容	分值	扣分标准	自查得分
组织保障 18 分	乡镇、村领导小组及其办事组织机构健全，配有普法联络员和村法制宣传员，并根据人事变动及时调整，普法依法治理工作有专人分管	4 分	组织机构不健全扣 2 分，人员变动未调整、无专人负责扣 2 分	
	及时制定年度工作要点（计划），工作有部署，年内有检查，年度有总结	8 分	每缺一项扣 2 分	
	学法用法制度化。建立定期学法制度，采用自学和集中辅导的方式，有学法记录或图片。能够按要求组织本乡镇干部职工参加全县普法统一考试	4 分	没有学法制度的扣 1 分，集中没有学法记录的扣 1 分，未按要求参加全县普法统一考试扣 2 分	
	普法经费投入有保障，确保各项普法活动和普法书刊资料等经费开支，保证普法依法治理工作有效运行	2 分	未安排普法经费专款的扣 1 分，无普法书刊资料的扣 1 分	
基础工作 22 分	组织参与县统一开展的普法依法治理活动，如“12.4”法制宣传日、法律咨询、法制征文、法制文艺会演和法律知识竞赛等活动	8 分	未按要求参加活动的每次扣 4 分	
	按照县普治办的要求，做好普法教材的征订和法制宣传教育资料的发放工作	2 分	普法教材未及时征订的每次扣 1 分，宣传资料未及时发放的每次扣 1 分	
	普法依法治理档案资料分类装订规范，各年度本单位、县及上级部门印发的各类普法文件、信息资料保存齐全完整	8 分	台账资料不够齐全扣 4 分，分类归档不够规范扣 4 分	

续　表

项目	评分内容	分值	扣分标准	自查得分
基础工作22分	全年上报县普治办信息2篇以上	4分	每少报一篇信息扣2分	
法制宣传教育30分	围绕中心工作和重点项目建设，形式多样、有的放矢地开展相关法律法规的宣传教育，且每年必须组织一次面向社会的主题教育活动	10分	缺乏形式多样的经常性法制宣传教育活动扣5分，未举办主题活动扣5分(以照片、录像、新闻报道等档案资料为准)	
	在乡镇(街道)网站开设法制宣传栏目，经常性面向社会开展法制宣传。能按县普法工作要求，组织乡镇(街道)、村相关人员开展对新颁布法律的学习培训活动	5分	网站未开设法制宣传栏目扣2分，未组织本单位人员开展对新颁布法律的学习培训活动扣3分	
	乡镇(街道)和村级法制宣传窗，定期张贴普法宣传画；乡镇网站有普法宣传栏目	5分	无固定宣传窗(黑板报)扣3分；网站无普法宣传栏目扣2分	
	在乡镇(街道)重要公共场所，设立3条以上永久性法制宣传标语	6分	每少一条扣2分	
	每年对村“两委”干部法制教育轮训1次以上(或参加县部门组织相关培训)	4分	未对村“两委”干部进行法制培训扣4分	
依法治理30分	开展普法依法治理示范点建设2个以上(村或社区)并开展切实有效的活动	6分	每少一个点扣3分	
	乡镇(街道)公务员、职工自觉守法，廉洁奉公，无因违法乱纪而受到纪检监察或司法机关追究刑事责任	5分	发生一起违法违纪案件不得分	

续 表

项目	评分内容	分值	扣分标准	自查得分
依法治理30分	至少有一个以上的村真正对现有的《村规民约》进行修订完善并真正予以施行	13分	未真正施行的扣13分	
	市级以上民主法治村创建率达到20%以上	6分	每少一个百分点扣2分，实行倒扣分	
附加分项	省级民主法治村创建达标一个加5分，国家级民主法治村创建达标一个加10分			

从以上两个表格中，我们不难发现：从项目、评分内容到分值、扣分标准，衢州市龙游县已经对基层普法工作建立了完善的考核机制，细化了考核内容。同时，细则还列出了“自查得分”栏，这主要是为了增强普法主体的法治意识，彰显其主观能动性，实现自评与他评的结合，让考核评价更全面、更真实。

参考文献

[1] 中共中央关于全面推进依法治国若干重大问题的决定[N]. 人民日报,2014-10-29(01).

[2] 中共浙江省委关于全面深化法治浙江建设的决定[N]. 浙江日报,2014-12-15(01).

[3] 胡虎林. 法治浙江[M]. 杭州:西泠印社出版社,2012.

[4] 郑志耿,等. 法治浙江——发展社会主义民主政治[M]. 杭州:浙江人民出版社,2006.

[5] 沈吟,李爽. 我省“民主法治示范村”创建16年——和谐之花,绽放乡野[N]. 浙江日报,2014-11-13(18).

[6] 浙江“专职专选”推举农村妇女参政[J]. 村委主任,2011-01-14(5).

[7] 姚建华. 扩大基层民主建设政治文明——浙江的实践与启示[J]. 中共浙江省委党校学报,2003(6).

[8] 龚云. 浙江省依法推进农村基层民主政治建设——来自对浙江省基层民主建设的调研[J]. 学术通讯,2006(2).

[9] 国家统计局. 中国统计年鉴[M]. 北京:中国统计出版社,2006.

[10] 徐勇. GOVERNANCE:治理的阐释[J]. 政治学研究,1997(1).

[11] 金太军. 乡村关系与村民自治[M]. 广州:广东人民出版社,2002.

[12] 谢晖. 民间法. [M]. 第三卷. 济南:山东人民出版社,2004.

[13] [英]戴维·M·沃克. 牛津法律大辞典[M]. 北京社会与科技发展研究所,译. 北京:光明日报出版社,1988.

[14] 项继权. 乡村关系行政化的根源与调解对策[J]. 北京行政学

院学报,2002(2).
[15] 贺雪峰. 当前村民自治研究中需要澄清的若干问题[J]. 中国社会科学季刊,2000(春季卷).
[16] [法]孟德斯鸠. 论法的精神[M]. 张雁深,译. 北京:商务印书馆,1995.
[17] 曹能新. 依法推进农村基层民主政治建[J]. 党建研究,2000(1).
[18] 中共浙江省委关于全面加强基层党组织和基层政权建设的决定[N]. 浙江日报,2015-06-13(01).
[19] 董小芳,黄正华. "法治宁波"实践:基层稳则全局安[N]. 宁波日报,2014-11-06(A08).
[20] 王永明,李丽. 社会主义新农村建设中农民法治意识现状及原因探析[J]. 学术交流,2010(1).
[21] [美]英格尔斯. 人的现代化[M]. 殷陆君,译. 成都:四川人民出版社,1985.
[22] 郑永流,等. 农民法律意识与农村法律发展[M]. 北京:中国政法大学出版社,2004.
[23] 段晓梅,等. 秦东地区农民法律意识现状的调查分析[J]. 唐都学刊,2005(4).
[24] [法]托克维尔. 论美国的民主(上)[M]. 董果良,译. 北京:商务印书馆,1991.
[25] [美]德沃金. 至上的美德:平等的理论与实践[M]. 冯克利,译. 南京:江苏人民出版社,2007.
[26] [英]哈林顿. 大洋国[M]. 何新,译. 北京:商务印书馆,1963.
[27] [希]亚里士多德. 政治学[M]. 吴寿彭,译. 北京:商务印书馆,1985.
[28] [英]安东尼·吉登斯. 现代性的后果[M]. 田禾,译. 南京:译林出版社,2000.
[29] 张文显. 二十世纪西方法哲学思潮研究[M]. 北京:法律出版社,2006.

[30] [美]哈罗德·J·伯尔曼.法律与宗教[M].梁治平,译.北京:生活·读书·新知三联书店,1991.
[31] 姚建宗.法律与发展研究导论[M].长春:吉林大学出版社,1998.
[32] 郑永流,马协华,高其才,等.农民法律意识的现实变迁[M]//李楯.法律社会学.北京:中国政法大学出版社,1999.
[33] [法]卢梭.社会契约论.[M].第2卷.何兆武,译.北京:商务印书馆,1980.
[34] [日]川岛武宜.现代化与法[M].王志安,等译.北京:中国政法大学出版社,1994.
[35] [美]哈罗德·J·伯尔曼.法律与宗教[M].梁冶平,译.北京:中国政法大学出版社,2003.
[36] 托克维尔.论美国的民主(上)[M].董果良,译.北京:商务印书馆,1991.
[37] 李燕英.论法律信仰与依法行政[J].中共云南省委党校学报,2007(2).
[38] 刘诗白.产权新论[M].成都:西南财经政法大学出版社,1993.
[39] 列宁全集[M].第12卷.北京:人民出版社,1987.
[40] 杨宜勇,等.公平与效率[M].北京:今日中国出版社,1997.
[41] 王全兴,汪敏.浅论我国农民的市场主体地位[J].北京政法职业学院学报,2004(3).
[42] 李君甫.论中国农民在生产经营中的信息弱势地位[J].西北农林科技大学学报(社会科学版),2003(5).
[43] 王果纯.现代法理学——历史与理论[M].长沙:湖南出版社,1995.
[44] 文正邦.当代法哲学研究与探索[M].北京:法律出版社,1999.
[45] [德]耶林.为权利而斗争[M]//梁慧星.民商法论丛.胡宝海,译.北京:法律出版社,1994.

[46] 曹锦清.黄河边的中国[M].上海:上海文艺出版社,2000.
[47] 张中秋.中西法律文化比较研究[M].南京:南京大学出版社,1999.
[48] 夏勇.走向权利的时代[M].北京:法律出版社,2000.
[49] [美]道格拉斯·G·拜尔,等.法律的博弈分析[M].严旭阳,译.北京:法律出版社,1999.
[50] 苏力.送法下乡[M].北京:中国政法大学出版社,2000.
[51] 朱全宝."五新"助推宁波基层民主法治建设[N].宁波日报,2015-06-16(A09).

后　记

基层民主法治建设作为全面推进依法治国的重要基石与重大支撑，历来受社会各方的广泛关注，亦是本人多年来的重要研究方向。承蒙“法治浙江丛书”课题的支持，本人有幸承担其中“基层民主与法治浙江”的写作，甚感机遇与挑战并存。“法治浙江”丛书的写作是在全面推进依法治国背景下进行的，法律人可以在其中有所作为，这是机遇；但要写好写全写实“基层民主与法治浙江”，绝非我等法律人所能及的，这是挑战。尤其是作为一本具有科普性的书稿，若缺乏广泛的调研作为基础，科普之宗旨亦是难以企及的。因此，本书中的素材既有本人的实践调研，亦有源于新闻媒体的报道，还有政府相关文件的摘录。然而，由于时间、精力与能力所限，本人毕竟未能对浙江所有基层的民主与法治进行全面的调研，这是本书的一大缺陷，也是本人深感抱歉的，只能待今后进一步完善。

非常感谢浙江省社科联的课题支持，让我对浙江基层民主法治建设有了更多的了解。感谢张炳生院长的指导与协调，感谢汪丹老师的辛勤工作，感谢浙江工商大学出版社的沈敏丽和张婷婷编辑的付出。

最后，感谢所有调研单位和新闻媒体提供的资料和讯息，特别向本书中所有列举和未及列举的前辈、同仁致以崇高的敬意，也欢迎所有真诚的批评与指正！

朱全宝

2015 年 12 月